Silvia Löwenstein

Selbstwirksam in der frühen Kindheit
teilhaben, mitmachen, selbst erschaffen

Silvia Löwenstein

Selbstwirksam in der frühen Kindheit

teilhaben, mitmachen, selbst erschaffen

Rediroma-Verlag

Bibliografische Information der Deutschen Nationalbibliothek:
Die Deutsche Nationalbibliothek verzeichnet diese Publikation in der Deutschen Nationalbibliografie; detaillierte bibliografische Daten sind im Internet über http://portal.dnb.de abrufbar.

Die in diesem Buch veröffentlichten Aussagen, Inspirationen und Ratschläge wurden sorgfältig und nach bestem Wissen erarbeitet und geprüft. Eine Garantie für das Gelingen kann jedoch weder von der Verfasserin noch vom Verlag übernommen werden. Ebenso ist eine Haftung der Verfasserin bzw. des Verlags und seiner Beauftragten für Personen-, Sach- und Vermögensschäden ausgeschlossen.

@silvialoewenstein

ISBN 978-3-98527-718-6

www.rediroma-verlag.de
17,95 Euro (D)

Einleitung

Kinder, die selbst-wirksam aufwachsen, werden zu Erwachsenen, die viel be-wirken. Einerseits, weil sie dadurch von klein auf Teilhabe erleben dürfen: eine wichtige Erfahrung, um auch später aktiv das eigene Leben und die Umwelt mitzugestalten. Andererseits werden selbstwirksame Kinder auch deshalb zu solchen Erwachsenen, die viel bewirken, weil sie von Anfang an ihre eigenen Wirk- und Schaffenskräfte erfahren dürfen. Diese grundlegenden Erfahrungen mit ihren Fähigkeiten und Stärken verhelfen dem Kind zu einem Bewusstsein für sich selbst, dem Selbstbewusstsein, das zugleich einen nährenden Boden für das Selbstvertrauen befördert. Eine selbstwirksame Kindheit ist deshalb ein Fundament unbeschreiblichen Werts für das gesamte Leben.

Dieses Praxis-Buch zeigt auf, wie Eltern schon kleinen Kindern Selbstwirksamkeit in den eigenen vier Wänden ermöglichen können. Nach einer gedanklichen Hinleitung und einem kurzen Einstieg in die theoretischen Grundlagen dieses Buches (Teil I) liegt ein besonderer Fokus zunächst auf dem selbstwirksamen Erwachsenen (Teil II). Hier werden verschiedene Möglichkeiten vorgestellt, wie Erwachsene *selbst* Selbstwirksamkeit leben können, auch damit sie in ihrer Elternschaft so sein können, wie sie es sich wünschen. Ebenso werden neben der sprachlichen Begleitung auch die Herzens-Haltung und die Gestaltung der Umgebung betrachtet. Der umfangreiche Praxisteil III stellt nachfolgend in verschiedenen Bereichen detailliert und anschaulich Tätigkeiten vor, mit denen sich schon kleine Kinder frei entfalten und von Anfang an selbstwirksam sein können, zum Beispiel während der Essenszubereitung, der eigenen Körperpflege, der Pflanzenpflege oder des künstlerischen Schaffens. Teil IV bildet den Abschluss der Betrachtungen, der nicht zuletzt aufzeigt, was durch Selbstwirksamkeit und Selbstvertrauen (für immer) bleibt.

Bedürfnis- und wachstumsorientiert soll dieses Buch für Eltern zugleich eine Bereicherung und eine Erleichterung sein. Auch ist es eine Liebeserklärung an das kindliche Wesen, seine Persönlichkeit, seinen Charakter: sein So-Sein, wie es ist. Letztlich ist dieses Buch ein Mutmacher und eine Inspirationsquelle für Eltern, die ihren Kindern ein selbstwirksames Aufwachsen ermöglichen möchten – damit sie sich zu dem Wunder entfalten dürfen, das sie vom ersten Tag an sind.

Im Sommer 2022

Für das sichere Arbeiten

Ein wichtiger Hinweis vorab: Die in diesem Buch veröffentlichten Aussagen, Inspirationen und Ratschläge wurden von der Verfasserin sorgfältig und nach bestem Wissen erarbeitet und geprüft. Eine Garantie für das Gelingen kann jedoch weder von der Verfasserin noch vom Verlag übernommen werden. Ebenso ist eine Haftung der Verfasserin bzw. des Verlags und seiner Beauftragten für Personen-, Sach- und Vermögensschäden ausgeschlossen.

Es wird ausdrücklich darauf hingewiesen, dass jederzeit der begleitende Erwachsene die Verantwortung für die Sicherheit und die Unversehrtheit des Kindes trägt und die vorgestellten Übungen nur dann mit einem Kind durchgeführt werden dürfen, wenn der begleitende Erwachsene sicher ist, dass es zu keiner Verletzung oder anderen Schäden kommt. Die Unversehrtheit des Kindes hat bei allen Tätigkeiten und zu jeder Zeit oberste Priorität und ist durch den begleitenden Erwachsenen sicherzustellen. Hierfür sind eine genaue Abwägung, Beobachtung und verantwortliche Begleitung des Kindes durch den Erwachsenen unerlässlich. Bei Unsicherheit und/oder im Zweifelsfall ist die Übung zu unterlassen oder unverzüglich abzubrechen.

Insbesondere alle genannten Kleinteile dürfen wegen des Verschluckensrisikos vom Kind nicht in den Mund genommen werden. Es besteht Erstickungsgefahr! Ebenso bergen alle genannten Werkzeuge, z. B. eine Schere oder ein Schneidemesser, ein hohes Verletzungsrisiko. Außerdem sind bei Hilfsmitteln und Werkzeugen stets die Herstellerangaben zu berücksichtigen. Auch heißes Wasser, z. B. bei der Essenszubereitung, oder spitze Gegenstände, etwa Nägel beim Werken, dürfen nur in einem sicheren Rahmen zum Einsatz kommen, der durch den begleitenden Erwachsenen geschaffen und verantwortet wird.

Teil I

1. Selbstwirksamkeit ist ein Grundbedürfnis

Wie das Babyalter ist die frühe Kindheit für Eltern und ihr Kind eine ganz besondere Lebensphase – sie leben eng mit- und beieinander, physisch und psychisch, oft 24 Stunden am Tag. Diese Zeit hält wie jede Entwicklungsphase besonders schöne Möglichkeiten des Zusammen(er-)lebens bereit und gewiss auch vielseitige Herausforderungen. Um den Alltag möglichst mit Leichtigkeit zu bereichern und einordnen zu können, welchen Stellenwert das Bedürfnis nach Selbstwirksamsein hat, wird zunächst aufgezeigt, was es überhaupt mit dem „selbst wirken" auf sich hat: für das Kind und für den Erwachsenen. Darauf aufbauend werden die grundlegenden psychischen Bedürfnisse von Kindern näher betrachtet. Dieses Wissen ist für Eltern von großem Wert, um das Wesen ihres Kindes besser zu verstehen und ihr Kind mit klarem Blick und weichem Herzen auf seinem Weg in das Leben begleiten zu können.

1.1 Was selbst wirken schafft

Jeder Mensch, egal welchen Alters, hat das Bedürfnis nach Selbstwirksamkeit: das Bedürfnis, selbst über und für sich zu entscheiden, teilzuhaben und selbst etwas zu erschaffen. Wenn ein Mensch selbst Entscheidungen trifft, selbst gewählte Erfahrungen macht und sich selbst zum Ausdruck bringt, erlebt er sein wahres Ich – man kann sagen, er *lebt* wirklich. Jedes Mal, wenn ein Mensch intrinsisch motiviert etwas aus seinem Inneren heraus tut und seiner Intuition folgt, wächst er auch ein kleines bisschen mehr, manchmal sogar über sich hinaus. Dabei ist es ganz egal, ob er (endlich) ein Wort spricht, das seinem Herzen entspringt, erstmals und mutig auf einer Bühne einen Vortrag hält oder gar ein ganz großes, eigenes Projekt auf die Beine stellt.

Mit dem Ausdruck und Wirken seines Ich geht der Glaube an die eigenen Möglichkeiten und die (positive) Erwartungshaltung einher, eigene Ideen und selbst gestellte Herausforderungen zu schaffen. Diese so genannten „Selbstwirksamkeitserwartungen" wurden von dem kanadischen Psychologen Albert Bandura (1925-2021) beschrieben (vgl. Bandura 1997) und sind heute in Anbetracht der Herausforderungen von Welt und Gesellschaft und des Zusammenlebens aller Menschen aktueller denn je. Wird die Erwartungshaltung eines Vorhabens erfüllt, wirkt sich dies wiederum positiv auf den Menschen und die Wahrnehmung seiner eigenen Schaffenskraft aus: Die Erfüllung der Erwartung und das erfolgreiche Meistern einer Herausforderung lässt Menschen auch eine positive Prognose für kommende Vorhaben einnehmen. Es entsteht ein Kreislauf positiver Erwartungen und Erfüllungen, welcher Freude, Sicherheit und Zuversicht in das Leben des Menschen zieht. Und genau darin kann ein gelingendes Lebens gründen – ein Leben, das uns Menschen Freude bereitet und uns erfüllt.

Wie sich ein Erwachsener das Bedürfnis nach Selbstwirksamkeit im Elternsein erfüllen kann, wird in Kapitel 2 mit verschiedenen Impulsen und Möglichkeiten aufgezeigt. Und was für den Erwachsenen gilt, gilt von Anfang an auch für das Kind. Wie sich dieses Bedürfnis nach Selbstwirksamkeit im Kindesalter zeigt, wird nachfolgend vorgestellt.

1.2 Selbstwirksam als Kind

Babys und kleine Kinder haben im Alltag oft sehr unterschiedliche Bedürfnisse, zum Beispiel nach Schlaf, Spiel und Nahrung zu verschiedenen Zeiten. Dass jedoch auch alle Kinder von Anfang an unabhängig sein wollen, belegen Erkenntnisse aus der Entwicklungspsychologie.

> Schon bei kleinen Kindern zeigt sich ein starkes Bedürfnis, Wirkungen in der physikalischen und sozialen Umwelt zu erzielen. Dies beginnt mit der Freude am Affekt im ersten Lebensjahr (effectance motivation; White, 1959) und setzt sich im zweiten und dritten Jahr fort mit

> dem starken Bedürfnis, etwas selbst machen zu wollen. (Oerter und Montada 2008: S. 233)

Kinder möchten vom Beginn ihres Lebens an ihre Umwelt nach ihren Vorstellungen erkunden, selbst aktiv sein und mitbestimmen. Auch die Bindungstheorie des britischen Kinderarztes und Psychoanalytikers John Bowlby (1907-1990) stützt diese These (vgl. Grossmann und Grossmann 2003). Bowlby führt hierzu aus, dass alle Kinder von Geburt an zwei psychische Grundbedürfnisse haben: Dazu zählt einerseits das Grundbedürfnis nach Nähe zu den Bezugspersonen. Dieses befriedigen Eltern beispielsweise durch Zuwendung, Trost und Nest-Wärme. Gleichzeitig haben Kinder von Anfang an das Grundbedürfnis nach Autonomie, Exploration und Selbstständigkeit.

> Beispiel: Selbst ein wenige Monate altes Baby zeigt seinen Unmut, darf es den Brei nicht so zu seinem Mund führen, wie es sich das vielleicht mit seinen Händen vorstellt. Oder es ist traurig und wütend, wenn es den Hund nicht mit seiner Mahlzeit „füttern" darf. Für das 2-jährige Kleinkind bricht eine Welt zusammen, wenn die Mutter das Brot schneidet, obwohl es diese Aufgabe selbst übernehmen wollte.

Der kindliche Wechsel zwischen Nähebedürftigkeit und Erkundungsdrang, zwischen Bindung und Autonomie, ist für Eltern gerade zu Beginn, aber auch später im Leben nicht immer leicht einzuordnen. In Kapitel 3 werden daher Möglichkeiten vorgestellt, die häusliche Umgebung so selbstwirksam zu gestalten, dass auch Erkundungsdrang und Autonomie von Anfang an Berücksichtigung finden können.

Darüber hinaus ist es hilfreich zu wissen, dass das Bedürfnis nach Selbstständigkeit wie jedes Bedürfnis von Kind zu

Kind unterschiedlich stark ausgeprägt ist und sich in unterschiedlichen Bereichen zeigen kann.

> Beispiel: Einmal ist es der 3-Jährigen wichtig, sich das Gesicht selbst zu waschen, und an einem anderen Tag ist es ihr wichtig, bei der Zubereitung des Mittagessens mitzuwirken. Ist es aus Zeitmangel an diesem Tag nicht möglich, bei der Essenszubereitung mitzuwirken, widmet sich das eine Kind leichter einer anderen Aufgabe als ein anderes Kind.

Unabhängig von Häufigkeit und Intensität macht jedoch das Wissen um das von Anfang an bestehende Bedürfnis nach Autonomie, Unabhängigkeit und Selbstwirksamsein einen elementaren Unterschied – für das Kind und vor allem für die Haltung und den Blick der Eltern. Auch wenn nicht jeder Wunsch des Kindes erfüllt werden kann (z. B. aufgrund von Zeitmangel oder anderen fehlenden Ressourcen), so wissen Eltern bei Nichterfüllung dieses Grundbedürfnisses die Reaktion ihres Kindes besser einzuordnen. Sie können dann empathisch verstehen, warum es vielleicht mit starker Trauer, Wut oder mit Gegenwillen reagiert: nicht, um den Erwachsenen zu ärgern oder „damit es seinen Willen bekommt", sondern einfach aus dem inneren Antrieb heraus, etwas selbst und nach den eigenen Vorstellungen zu tun – für sich, von Natur aus und intrinsisch motiviert.

Über Mütter, die vielleicht irritiert von der Reaktion ihres Kindes sind, aber dennoch mit einer bindungsstärkenden Denk- und Handlungsweise reagieren, schreibt Bowlby:

> Sie fühlen und respektieren den drängenden Wunsch ihres Kindes nach Autonomie und Selbstständigkeit und verstehen die Frustration des Kindes, wenn ihm seine Selbstständigkeit streitig gemacht wird. (zit. n. dies.: S. 432)

Und wenn auch die Kapazitäten gewiss nicht immer gleichbleibend sind, so können Eltern dieses Grundbedürfnis von vornherein nach ihren Möglichkeiten bedenken und im Alltag berücksichtigen. So wie täglich das Nahsein beispielsweise durch gemeinsames Lesen am Abend in den Tag als feste Routine integriert werden kann, kann auch das Selbstwirksamsein des Kindes in den Tag bewusst mit einfließen. Das Bedürfnis nach Selbstwirksamkeit darf von den Eltern vorausschauend mitbedacht und in gemeinsamen Tätigkeiten – mal mehr, mal weniger und orientiert an ihren Ressourcen – befördert werden.

Beispiel: Einer Mutter fällt auf, dass ihr 3-jähriger Sohn sich derzeit gerne an der Essenszubereitung beteiligt und sich daran probiert, Möhren mit einem Sparschäler selbst zu schälen. Möchte die Mutter ihrem Sohn die Möglichkeit geben, hier selbstwirksam zu sein, um sich selbst zum Beispiel den Vormittagssnack zuzubereiten, könnte sie darauf achtgeben, in der nächsten Zeit genau dieses Gemüse und auch weitere geeignete Gemüsesorten einzukaufen und bereitzuhalten, damit ihr Sohn seinem Interesse und Bedürfnis nachgehen kann.

Und was vielleicht nach einem zusätzlichen To-do auf jener endlos langen Liste klingt, die Eltern sowieso schon an Aufgaben, Aufträgen und Arbeit haben, ist in Wirklichkeit ein kraftvolles elterliches Bewusstsein und Tool, um

- der kindlichen Entwicklung einen natürlichen (Frei-)Raum zu geben,
- Bedürfnisse zu identifizieren und zu befriedigen und
- letztlich auch das gesamte Familienleben liebevoll-friedvoll und fernab von täglichen Kämpfen und ausufernden Konflikten zu gestalten.

Wie obendrein gelebte Selbstwirksamkeit ganz von allein zu einem Selbstbewusstsein und Selbstvertrauen des Kindes führt, wird im folgenden Kapitel beschrieben.

1.3 Selbstwirksamkeit, Selbstbewusstsein und Selbstvertrauen

Während des intrinsisch motivierten Wirkens bekommt das Kind die Gelegenheit, sich selbst zu erfahren und auszuprobieren. Dadurch erlangt es ein Bewusstsein für sich selbst. Es macht ganz nebenbei und dennoch von so tiefgreifender Bedeutung Erfahrungen seiner Stärken und Schwächen, Interessen und Vorlieben. Näher betrachtet ist die Selbstwirksamkeit damit auch ein Fundament für ein starkes Selbstbewusstsein – insbesondere dann, wenn dieses Wirken durch einen aufmerksamen und liebevollen Erwachsenen gespiegelt und beispielsweise sprachlich begleitet wird. Wenn der Erwachsene etwa verbalisiert: „Du hast es geschafft! Du hast Dir alleine einen Apfel zubereitet!", so kann das Kind in seinen Worten erfassen, was es selbst bewirkt hat (mehr dazu in Kapitel 3.4: Die Kraft der Worte). Zusätzlich wächst durch sich wiederholend gelingende Tätigkeiten das Vertrauen des Kindes in sich selbst und seine Fähigkeiten. Denn die Selbstwirksamkeitserwartungen des Kindes (s. Kapitel 1.1), Aufgaben und Herausforderungen erfolgreich zu meistern, werden sich erfüllen. Jene Tätigkeiten, die es schon jetzt im Alltag übernehmen möchte, wird es früher oder später ohnehin übernehmen: Jedes Kind wird einmal alleine mit dem Löffel essen, mit dem Messer Gemüse schneiden und mit der Zahnbürste seine Zähne säubern. Ein jedes auf seine Weise, ein jedes zu einem anderen Zeitpunkt, aber die positive Erwartungshaltung wird sich erfüllen. Und aus dem eigenen inneren Antrieb vom Kind selbst avisiert, birgt die Erfüllung seiner Erwartung eine unendliche Kraft. Das Kind erfährt sich selbst als kraftvoll, als fähig, als selbstwirksam. Selbstwirksamkeit, Selbstbewusstsein und Selbstvertrauen sind auf diese Weise eng miteinander verzahnt und verstärken sich gegenseitig.

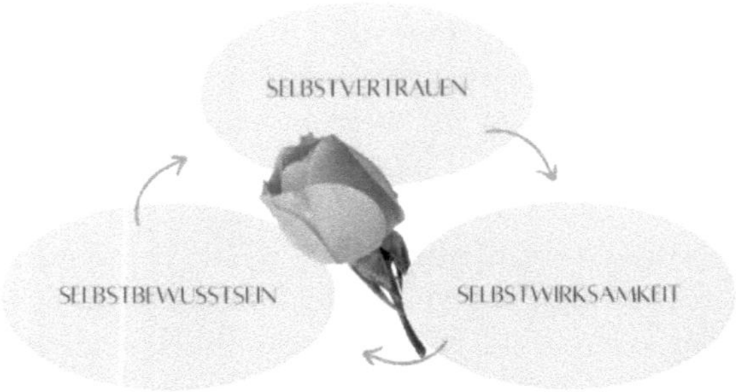

Kinder, die selbst wirken, sich ihrer selbst bewusst sein dürfen und sich selbst vertrauen, haben die Möglichkeit, ihr volles Potenzial von Anfang an zu leben. Einmal im Kleinen begonnen, später im Großen fortgeführt, können sie aufgrund des starken Bewusstseins ihrer Wirksamkeit viel be-wirken: innerhalb des eigenen Lebensumfeldes, dem sie gleichermaßen mit Vertrauen und Respekt begegnen, wie ihnen einst durch ihre Eltern begegnet worden ist. Und in der Welt, der Gesellschaft und im Zusammenleben aller Menschen. Gestartet im Leben mit Eltern, die ihnen Vertrauen geschenkt haben. Hin zu einem friedvollen Miteinander.

Je mehr ein Kind mit den eigenen Händen schaffen, mitmachen und ernst genommenes Mit-Glied des Familiengefüges sein darf – immer dann, wenn Ressourcen vorhanden sind und Möglichkeiten sich bieten – umso größer ist der Erfahrungsschatz, den es für sein Leben mitnimmt. Eng umwoben mit einem Gefühl von:

„Ich bin wichtig!"
„Ich werde gesehen!"
„Ich kann das!"

Der Fokus liegt daher in Teil III auf selbstwirksamen Tätigkeiten des Kindes, die im täglichen Zusammensein und Familienleben entstehen. Tätigkeiten, die in den eigenen vier Wänden durch einen achtsamen und bestärkenden Erwachsenen in einer 1:1-Betreuung möglich sind. Und Tätigkeiten, die das Potential zur freien Entfaltung des Kindes in sich tragen – eines Kindes, das mit einem Gefühl für sich selbst und einem Bewusstsein seiner eigenen Wirk- und Schaffenskräfte aufwachsen darf.

Teil II

2. Selbstwirksame Eltern

Bevor die Umgebung skizziert wird, in der Kinder besonders selbstwirksam aufwachsen können, wird ein zentrales Kern-Element dieser Umgebung in den Fokus gerückt: der Erwachsene. Mit ihm steht und fällt alles: die Raumgestaltung, das konkrete Material- und Tätigkeitsangebot, aber vor allem die Atmosphäre, in der das Kind aufwachsen darf. Damit sich eine friedvolle, geborgene und liebevoll-stärkende Arbeits-Atmosphäre im Raum entfalten kann, in dem das Kind selbst und frei wirken darf, braucht es einen Erwachsenen, der die Ressourcen dafür hat, diese Atmosphäre überhaupt erst aktiv zu gestalten.

Erwachsene, die dauerhaft „auf dem Zahnfleisch gehen", können mit hoher Wahrscheinlichkeit nicht empathisch sein, sich nicht einfühlsam in die Perspektive des Kindes hineinbegeben und auch in Konflikten nicht mitfühlend agieren. Unter Umständen handeln sie im täglichen Miteinander oft entgegen ihren Vorstellungen und verlieren vielleicht sogar ihre Werte grundsätzlich aus dem Gefühl.

Nur ein Erwachsener, der auch seine eigenen Bedürfnisse im Blick hat, sich an diesen orientiert und sich diese nach seinen Möglichkeiten bestmöglich erfüllt, kann die Bedürfnisse seines Kindes überhaupt wahrnehmen, um dann in einem zweiten Schritt auf diese einzugehen – kurzum: Es bedarf eines liebevollen Blickes und der Bedürfnisorientierung auf *beiden* Seiten, auch auf jener der Eltern.

Auch wenn im Elternalltag zeitliche Ressourcen knapp sind, die Unterstützung gering und längere Auszeiten selten sein mögen, sodass mancher Erwachsene erst gar nicht damit beginnt, im Kleinen etwas für sich selbst zu tun, so lohnt sich der Anfang doch sehr – auch und gerade dann, wenn Selbstfürsorge und Selbstwirksamkeit für ihn etwas völlig Neues sind. Denn insbesondere dann, wenn ein Erwachsener keine Auszeiten hat, wenn er etwa allein die Kinder betreut, vielleicht nebenher noch arbeitet und den Haushalt führt, so ist es umso bedeutender, dass er im Alltag jenen Möglichkeiten auf den Grund geht, um sich selbst eine hohe Priorität einzuräumen. Denn die Wahrheit ist auch: Diese Aufgabe kann und wird dem Erwachsenen niemand abnehmen. Womöglich wird nie jemand anderes kommen, der darauf hinweist, dass er dringend frische Luft braucht, einen Tapetenwechsel oder endlich einmal wieder etwas richtig Gutes zu essen. Wenn der Erwachsene sich nicht selbst diese Priorität einräumt und sich nicht selbst seine Bedürfnisse bestmöglich erfüllt, dann erlebt er die manchmal herausfordernden Kleinkindjahre vielleicht ohne tatsächlich selbst gelebt zu haben – gehetzt und verloren zwischen Wäscheladungen und Geschirrbergen.

Selbstwirksamkeit für den Erwachsenen ist also kein nettes zusätzliches „Bonbon der Elternschaft", kein nice-to-have. Selbstwirksamkeit im Alltag von Erwachsenen ist elementar: einerseits für eine glückliche und gesunde Eltern-Kind-Beziehung. Andererseits und vor allem auch für einen glücklichen und gesunden Erwachsenen. Wenn dieser die Verantwortung für sich selbst übernimmt, agiert er gleichzeitig für das eigene psychische und physische Wohlbefinden. Die Übernahme der „persönlichen Verantwortung", wie sie der dänische Familienexperte Jesper Juul (1948-2019) beschrieben hat, birgt die Möglichkeit eines dauerhaft gesunden Selbstwerts, der die gesamte Familie trägt.

Dieses Kapitel möchte dazu ermutigen, den (erneuten) Anfang für sich selbst, für das eigene Leben, zu wagen: den Anfang hin zu täglichen kleinen Geschenken in Form von guten Gedanken, guter Nahrung und achtsamen Momenten. Für tägliche Selbstfreuden, Kraft und kleine Energiequellen. Mit dem Bewusstsein, dass viele kleine Rituale ein machtvolles, lebensveränderndes Werkzeug sind und eine große positive Auswirkung auf Körper und Geist haben. Denn:

> Jeder Tag ist eine Gelegenheit, wieder neu zu beginnen.
> Jeder Tag ist unser Geburtstag.
> (Dalai Lama et al. 2019: S. 10)

In den folgenden Unterkapiteln werden verschiedene Möglichkeiten aufgezeigt, wie Erwachsene jeden Tag auf unterschiedliche Weise selbstwirksam sein können: zwei Minuten, fünf Minuten oder auch mehr. Diese einzelnen Impulse dienen als

Inspiration, auch um beispielsweise mit weiterführender Fach-Literatur, mit Podcasts oder anderen Formaten tiefer in die jeweiligen Bereiche einzutauchen, die das eigene Herz besonders ansprechen.

2.1 Das positive Selbst-Gespräch

Es mag ungewohnt sein, sich selbst mit Worten zu bestärken. Insbesondere dann, wenn man es als Erwachsener vielleicht eher gewohnt ist, in Gedanken negativ mit und über sich selbst zu sprechen. Negative Glaubenssätze, wie „Ich schaffe einfach gar nichts“ oder „Ich bin nicht schön/schlau/... genug“, sind bei vielen Menschen weit verbreitet. Es hat jedoch eine unbeschreiblich positive Auswirkung auf das gesamte Leben, diese negativen Glaubenssätzen einerseits aufzudecken und nachzuforschen, woher sie kommen, und andererseits bewusst positive Gedanken zu erschaffen: wertschätzend mit sich selbst zu sein, in sich hineinzuhorchen, wie es einem geht und was man wirklich braucht. Vor allem jedoch auch, sich selbst darin zu be-stärken, sich vor Augen zu führen, was man schafft, was man gut kann und macht, wem man viel bedeutet, worin die eigenen Stärken liegen und was einen als Menschen tatsächlich ausmacht. Es gibt so viel Positives zu denken – jeden Tag und immer wieder. Durch das positive Selbstgespräch erschafft man *bewusst* ein positives Bild von sich selbst, und wer ein positives Bild von sich hat, kann sich selbst gegenüber mitfühlend sein, in sich ruhen, Freude leichter wahrnehmen und letztlich auch weitergeben. Für das positive Selbst-Gespräch kann man sich beispielsweise auch eine kleine Erinnerungsecke in der Küche schaffen, in der Fotos von geliebten Menschen und „Verbündeten" gut sichtbar platziert sind, wo liebe Post oder Glückwunschkarten einen besonderen Platz erhalten oder auch Botschaften präsent sind, an die man sich immer wieder erinnern mag, z. B. in Form von Affirmationen, die positive Aussagen und Glaubenssätze enthalten.

Positive Affirmationen können das wiederkehrende Selbstgespräch sowie alle anderen selbstwirksamen Tätigkeiten jeden Tag begleiten und bereichern. Aus diesem Grund sind solche Affirmationen in jedem Unterkapitel des selbstwirksamen Erwachsenen exemplarisch und als Inspiration hinterlegt. Um positive Gedanken zu erschaffen, kann man beispielsweise Folgendes verinnerlichen:

„Ich kenne meine Stärken."
„Ich bin stark/mutig/voller Liebe."
„Ich kann Freude empfinden und leicht weitergeben."
„Ich habe ein gutes Herz".

2.2 Nahrung als Energiequelle

Vielen Menschen ist bekannt, dass Obst und Gemüse eine positive Auswirkung auf die körperliche und geistige Gesundheit haben. Frischer Orangensaft am Morgen, ein Obstteller am Vormittag und das Gemüse zum Mittag können jedoch auch als ein Akt der Selbstliebe und Selbstwirksamkeit betrachtet werden. Alles, was den eigenen Körper tatsächlich nährt und ihm bewusst zugeführt wird, spendet Energie und führt zu Wohlbefinden – dazu, sich wohler in seiner Haut zu fühlen. Auf die eigene Nahrung ein besonderes Augenmerk zu legen, sie gesund, lecker und beglückend zu gestalten, darf unbedingt zum Ritual werden. Vor allem für sich selbst, aber auch als lebendiges Vorbild für das eigene Kind. Mögliche Affirmationen während des Genusses gesunder Lebensmittel können sein:

„Ich tue mir etwas Gutes."
„Ich schenke mir neue Energie."
„Ich sorge gut für mich."

2.3 Ein gutes Körper-Gefühl

Yoga, Power-Workout oder andere körperliche Betätigungen, wenn täglich auch nur fünf Minuten lang durchgeführt, bewirken, dass man sich selbst (überhaupt oder besser) und seinen eigenen Körper hineinspürt. Insbesondere das Yoga ist eine Bewegungsform, die ganzheitlich auf den Erwachsenen wirkt, um auch im Alltag „klarer zu denken, leichter zu atmen und sich effizienter zu bewegen“ (Kaminoff und Matthews 2016: S. 11).

Bei der Bewegung kommt es nicht auf die Kleidung oder den Ort, schon gar nicht auf eine teure Ausstattung an. Vielmehr ist es wichtig, regelmäßig – wenn auch nur kurz – den eigenen Körper wahrzunehmen und sich mit Energie in Form von Sauerstoff zu versorgen.

> Wenn man sich um die Ausatmung kümmert, erledigt sich die Einatmung von selbst. Wenn man das Unerwünschte loswird, entsteht Raum für das Benötigte. (dies.: S. 16)

Eine weitere Möglichkeit für ein gutes Körper-Gefühl neben der Bewegung ist eine kurze Selbst-Massage, beispielsweise des Gesichts, des Nackens oder auch der Oberschenkel. Viele Menschen schenken sich selbst Massagen, indem sie sie von anderen Menschen durchführen lassen. Der Entspannungseffekt ist hier bedingt durch den Raumwechsel und die eigene Untätigkeit gewiss größer als bei einer Selbst-Massage, allerdings sind solche „Termine“ auch mit einem größeren Aufwand verbunden, insbesondere mit kleinen Kindern organisatorischer Art. Die Selbst-Massage bietet die Möglichkeit, sich kurzfristig und immer wiederkehrend als festen Bestandteil des Alltags Selbstfürsorge zu schenken. Sie wirkt sich dabei positiv auf Nerven und Atmung aus.

> Durch Stress, Ängste oder Überlastung gereizte Nerven kommen durch gleichmäßige, rhythmische Bewegungen wieder zur Ruhe. Die Nervenenden in der Haut leiten beruhigende Impulse weiter zu anderen Körperstellen und es setzt eine allgemeine Entspannung ein. (Sendlinger 2007: S. 13)

Durch diese Ent-Spannung wird auch die Atmung in kurzer Zeit regelmäßig und tief. Dabei können Selbst-Massagen auch als Anker genutzt werden, beispielsweise dann, wenn man während der Begleitung seines Kindes selbst in einen Gefühlssturm gerät und sich in diesem Fall mit gleichmäßigen Bewegungen die Hände massiert, um sich zu erden und bei sich zu bleiben.

Die Bewegungen, z. B. in Form von Yoga-Asanas, und auch die Selbst-Massagen sind nur kleine selbstwirksame Handlungen für ein gutes Körper-Gefühl, die in wenigen Minuten ausgeführt sind. Mit vollem Bewusstsein, innerer Präsenz und Achtsamkeit führen sie aber dazu, den täglich funktionierenden Körper zu spüren, ihm Wertschätzung zu schenken und sich wortwörtlich „wohler in der eigenen Haut zu fühlen". Mögliche Affirmationen während der Bewegungen und auch der Selbst-Massagen können sein:

„Ich bin beweglich."
„Mein Körper ist schön und stark."
„Ich spüre meinen Herzschlag."
„Ich bin lebendig und geliebt."

2.4 Entschleunigung und Reduzierung

Idealerweise dürfen alle Tage so gestaltet sein, dass nicht zu viele To-dos auf den Schultern des Erwachsenen lasten, damit man möglichst viel Raum für seine eigene Selbstwirksamkeit hat – sozusagen für Freuden im Stundentakt. Hierfür darf grundsätzlich überlegt werden, was einem im Leben tatsächlich wichtig ist: Welche Besitztümer, Tätigkeiten, Verpflichtungen und vielleicht auch Kontakte tun einem gut bzw. rauben einem unverhältnismäßig viel Energie? Was bereitet einem tatsächlich Freude? Diese Abwägungen, die immer wieder neu stattfinden dürfen, können ein wichtiger Leitstern dafür sein, wie und womit man grundsätzlich jeden Tag erleben möchte.

Gerade an Tagen, an denen man selbst wenig Energie hat, zum Beispiel weil man zu wenig Schlaf erhalten oder an Vortagen kranke Kinder gepflegt hat, darf man besonders gut auf sich achten. Dazu zählen das besondere Achtgeben auf die eigenen Ressourcen und die Entschleunigung. Alles, was nicht allerhöchste Priorität hat, sollte ausgelagert werden – auf andere Personen oder andere Tage. Das ist manchmal leichter gesagt als getan, aber das Achten auf die eigenen Grenzen ist gerade an diesen Tagen essentiell. Und gerade weil das Leben nicht linear verläuft und es im Leben aller Menschen immer wieder gute und weniger gute Tage gibt, ist es wichtig, für diese Tage gewappnet zu sein, Möglichkeiten im Inneren abrufen zu können, die einem immer gut tun. Und manchmal hilft es an diesen Tagen schon, öfter einmal wirklich tief durchzuatmen.

Weil das Durchatmen an sich bisweilen belächelt wird oder vielen Menschen nur in der Theorie bekannt ist, es aber an der Umsetzung hapert, wird die Durchführung hier noch einmal als Inspiration vorgestellt. Tatsächlich gilt auch hier: Je öfter sie angewandt und geübt wird, umso automatischer ist die Tiefenatmung als Anker im Alltag abrufbar und kann somit vom Erwachsenen als wertvolles Werkzeug für seine Selbstwirksamkeit genutzt werden. Jemand, der erst einmal durchatmet, gerade in herausfordernden Situationen, verschafft sich auch immer „Luft“ bzw. Handlungsspielraum. In Bruchteilen von Sekunden kann er sich dann für das Durchatmen und vielleicht gegen das Schimpfen, Wüten oder Schreien entscheiden. Die Tiefenatmung gelingt so:

> Öffnen Sie das Fenster. Stellen Sie sich mit etwas gespreizten Beinen hin, sodass Sie eine sehr stabile Position einnehmen. Konzentrieren Sie sich zunächst auf den Kontakt Ihrer Sohlen mit der Erde. Schließen Sie die Augen und atmen Sie tief durch. Atmen Sie durch die Nase ein und spüren Sie dabei, wie die Luft zuerst Ihre Lungen und dann Ihren Bauch füllt. Halten Sie den Atem kurz an und atmen Sie durch den Mund aus. Lassen Sie die Luft anschließend zuerst aus Ihrem Bauch, dann aus Ihrer Brust entweichen. (Tischer 2010: S. 92)

Mögliche Affirmationen bei den entschleunigenden Handlungen und der Tiefenatmung können sein:

> „Ich konzentriere mich auf das wirklich Wichtige."
> „Ich mache heute bewusst alles ganz langsam."
> „Ich achte gut auf mich und wähle ganz bewusst, was mich in meinem Leben umgibt."
> „Ich bin ganz bei mir."

2.5 Die Wohlfühl-Atmosphäre

Das morgendliche Lüften nach dem Aufstehen, Lieblingsmusik oder auch der Schein einer Kerze tragen dazu bei, dass sich ein Mensch wohl(er) fühlt. Die frische Luft führt dazu, dass ein Erwachsener, unabhängig davon, wie (un-)ruhig seine Nacht war, erst einmal durchatmen kann. Sauerstoff ist einerseits und wie bereits beschrieben körperlich essentiell, andererseits kann er, verbunden mit einem gelenkten Blick in die Weite bzw. nach außen oder mit geschlossenen Augen nach innen, zusätzliche Klarheit in die Gedankenwelt bringen. Musik ist oft mit Erinnerungen verknüpft und schon ein oder zwei Lieblingslieder aus schönen Tagen können positive Gefühle im Hier und Jetzt hervorrufen. Und auch wenn Kerzen in der heutigen Zeit nicht mehr als direkte Lichtquelle benötigt werden müssen, kann man sie entzünden, um sich an ihrer Wärme zu erfreuen, innerlich zur Ruhe zu kommen und das Wohlbefinden zu steigern. Mit diesen kleinen Stellschrauben – Luft, Klänge und Licht – kann man seine gute Stimmung verstärken oder sich selbst in kleinen Schritten aus seinem gedämpften Gemüt herausführen.

Ganz nach den eigenen Vorlieben und der Stimmung, kann außerdem das Wissen aus der Aromatherapie für sich genutzt werden, um im Alltag selbstwirksam zu sein und sich eine Wohlfühl-Atmosphäre zu schaffen. Ätherische Öle werden aus Pflanzen gewonnen und können beispielsweise über die Raumluft inhaliert, aber auch in ein Fußbad gegeben werden oder während der Selbst-Massage (s. Kapitel 2.3) ihre volle Wirkung entfalten. Der frische Duft von Eukalyptus beispielsweise lindert nicht nur Husten und Schnupfen, sondern „vermittelt Heiterkeit und Harmonie" und „verhilft zu klarer und konzentrierter Denkweise" (Lubinic 2004: S. 59). „Zitronen-Öl wird bei seelischer und körperlicher Erschöpfung, Ermüdungserscheinungen, […] verwendet" (dies.: S. 183) und der „frischwürzige Waldesduft" des Kiefernadel-Öls kann „bei Überreizung des vegetativen Nervensystems" zu „Ausdauer, Kraft, Mut und Zuversicht" (dies.: S. 78) beitragen.

Je ritualisierter diese kleinen Geschenke in Form von Wohlfühldüften, frischer Raumluft, schöner Musik und sanftem Licht an sich selbst vergeben werden, umso selbstverständlicher werden sie und erhellen sie alltäglich Köper und Geist. Mögliche Affirmationen bei diesen selbstwirksamen

Tätigkeiten des Erwachsenen für seine Wohlfühl-Atmosphäre können sein:

„Ich schenke mir frische Luft zum Atmen."
„Die Musik erinnert mich an eine schöne Zeit meines Lebens."
„Ich bin dankbar für die wohlige Wärme, die mich umgibt."
„Ich nehme die positive Energie meines Lieblingsduftes in mir auf."

2.6 Austausch und Verbindung

Der Mensch ist ein soziales Wesen. Er ist dazu geschaffen, sich mit anderen zu verbinden und er braucht den sozialen Austausch, um sich selbst mitteilen zu können, desgleichen auch, um etwas über sich selbst zu erfahren. In erster Linie ist es schön, wenn man Vertraute und Verbündete in seiner direkten Umgebung weiß. Sind diese jedoch nicht (immer) verfügbar, können auch die sozialen Medien – bewusst genutzt – eine Bereicherung für den Alltag sein. Gerade Gleichgesinnte zu bestimmten Lebensthemen, etwa der bedürfnis- und bindungsorientierten Erziehung, lassen sich hier manchmal leichter finden als in der unmittelbaren räumlichen Umgebung.

Die Verbindung ist vor allem dann empfehlenswert, wenn beispielsweise im direkten Umfeld noch veraltete Erziehungsstile gelebt werden und man Anregungen, Zuspruch und Inspirationen für seinen ganz eigenen Weg sucht. Dies gilt auch für alle andere Interessen: Kochen mit Kindern, Montessori-inspirierte Einrichtung, Yoga für Kinder, Achtsamkeitsübungen für Mütter und so vieles mehr. Bewusst und in Maßen genutzt können die sozialen Medien hier eine große Bereicherung sein. Insbesondere dann, wenn man beispielsweise auf Instagram anderen Menschen folgt, die einem ein gutes, bestärkendes Gefühl geben. Vielleicht mag man auch selbst seine Gedanken in das Außen tragen und damit andere Menschen inspirieren und bestärken. Während des Austauschs mit Freunden, der Familie und Gleichgesinnten, zum Beispiel in den sozialen Medien, können folgende Affirmationen die Selbstwirksamkeit des Erwachsenen unterstreichen:

„Ich bin nicht allein."
„Ich bin mit anderen verbunden."
„Ich werde geschätzt und ich werde verstanden."
„Ich bin eine Inspiration für andere."

2.7 Selbstwirksame Stille-Übungen

Bei all diesen kleinen selbstwirksamen Tätigkeiten für sich selbst entfalten sich die positiven Auswirkungen umso stärker, je mehr man als Erwachsener mit all seinen Fasern bei diesen Tätigkeiten ist: Wenn man seinem Körper das Glas mit kaltem Wasser mit geschlossenen Augen schenkt, wenn man den knackigen Apfel isst und seine Süße bewusst schmeckt, wenn man sich streckt und die Länge seines Körpers spürt, die Wärme auf seiner Haut genießt – und bei all dem ganz bei sich ist, mit seinen Sinnen und mit wertschätzenden, positiven Worten und Gedanken. Dann können diese kurzen Minuten der Achtsamkeit eine unbeschreiblich große Kraft entfalten, die über den ganzen Tag und über das ganze Leben strahlt.

Nachfolgend finden sich leicht umsetzbare Möglichkeiten für Erwachsene, mit denen man sich ganz bewusst und immer wieder einmal am Tag achtsame Momente schenken kann. Diese Möglichkeiten werden als selbstwirksame Stille-Übungen bezeichnet und integrieren Körperübungen und Affirmationen. Die Stille-Übungen haben zum Ziel, einmal täglich bewusst das Gedankenkarussell anzuhalten, fernab von Gedanken an die Vergangenheit oder die Zukunft. Die Stille-Übungen laden auf unterschiedliche Art und Weise und je nach Bedürfnis des Erwachsenen zu Achtsamkeit, innerer Einkehr und in die Gegenwart, in das Hier und Jetzt, ein.

Je häufiger und regelmäßiger man mit den Stille-Übungen seinen Fokus lenkt, umso mehr profitiert man von diesem regenerierenden Werkzeug. Ein Werkzeug, das Raum für Entspannung, Lebensfreude, Ordnung und Wachstum schaffen kann. Insbesondere die integrierten positiven Affirmationen dieser Stille-Übungen haben obendrein das Potenzial, einen großen positiven Einfluss auf die Wirklichkeit eines Erwachsenen zu haben: Gedanken werden zu Worten, Worte werden zu Taten und Taten formen das Leben:

Stille-Übung „Guten-Morgen-Geschenk“:

„Wenn ich heute aufwache, stelle ich mich gleich nach dem Aufstehen ans Fenster und strecke meinen Körper. Ich stehe mit meinen beiden Füßen fest auf dem Boden und mache meine Arme ganz lang. Meine Fingerspitzen zeigen in Richtung Decke. Ich beuge und bewege mich ganz sanft in alle Richtungen. Sanft nach links, sanft nach rechts, sanft nach hinten, sanft nach vorne. Ich begrüße diesen neuen Tag. Ich freue mich auf alles, was mir heute begegnet. Heute wird ein guter Tag.“

Stille-Übung „Verbindung“:
„Während mein Kind heute isst, seinem Spiel nachgeht oder etwas anderes in meiner Nähe tut, betrachte ich einmal ganz genau sein Gesicht. Die kleinen Härchen an der Stirn, die Augenbrauen, die Augen und die Wimpern. Welche Farbe haben sie? Ich wandere weiter über die weichen Wangen bis hin zu der Nasenspitze und dem Herzen, das sich über den Lippen formt. Ich nehme die Zartheit der Lippen wahr und wie wunderschön geschwungen sie sind. Mein einzigartiges, schönes Kind. Durch mich auf diese Erde gelangt. Ein Wunder, wie am ersten Tag.“

Stille-Übung „Entschleunigung“:
„Immer, wenn ich heute das Bedürfnis habe, mir selbst etwas Ruhe zu schenken, lege ich meine Hand auf mein Herz und spüre meinen Herzschlag. Wie mein Herz ganz sanft gegen meine Handinnenfläche für mich und mein Leben pocht. Ich bin lebendig. Mein Leben ist wertvoll. Ich genieße diese Sekunden in Verbindung mit meinem Herzen. Die Verbindung mit mir, meinem Körper und meiner Seele.“

Stille-Übung „Mutter Natur“:
„Heute richte ich einmal ganz bewusst meinen Blick auf die Schönheit, die mich umgibt. Ich schenke mir Sauerstoff und Energie durch das geöffnete Fenster, einen kurzen Moment auf dem Balkon oder einen Spaziergang an der frischen Luft. Ich nehme die Weite des Himmels wahr, die Bäume, die stark aus dem Boden ranken und deren Zweige für mich tanzen, die Vögel, die anmutig durch die Luft gleiten und mich mit schönen Klängen begrüßen. Ich bin umgeben von Schönheit. Mein Herz ist erfüllt von Dankbarkeit.“

Stille-Übung „Beweglichkeit“:
„Spielt mein Kind am Boden, nutze ich heute die Gelegenheit und gehe in den Vierfüßlerstand. Meine Hände stehen kraftvoll auf dem Teppich und auch meine Knie stützen mich. Ich mache zuerst einen geraden Rücken und atme ein, um dann mit meinem Rücken langsam einen geführten Katzenbuckel zu formen und auszuatmen. Beim nächsten Einatmen forme ich behutsam ein geführtes Hohlkreuz. Atme ich aus, mache ich wieder einen Katzenbuckel. Mein Atem fließt. Ich spüre die Beweglichkeit meines Körpers und vor allem meiner Wirbelsäule. Ich bin beweglich und ich bin stark. Mein Körper ist kraftvoll und wundervoll.“

Stille-Übung „Behutsamkeit“:
„Immer, wann es mir heute möglich ist, vollziehe ich alles ganz bewusst und langsam. Wenn ich mein Kind ankleide, streife ich ihm die Kleidung ganz bewusst über seinen kleinen, wunderbaren Körper. Ganz behutsam. Ich nehme wahr, wie schön seine Hände und Finger sind. Ich erinnere mich an die Größe der Hände und Finger bei seiner Geburt. Ich empfinde Demut und Dankbarkeit. Ich darf dieses kleine Wesen in sein Leben begleiten. Ich passe gut auf mein Kind auf. Egal, welche Stürme kommen mögen, wir sind fest miteinander verbunden.“

Stille-Übung „Sanftmut“:
„Spüre ich Widerstand, Verzweiflung oder Erschöpfung in mir, darf ich sie hier und jetzt erst einmal nur annehmen. Kinder zu begleiten ist ein Geschenk und eine Herausforderung zugleich. Ich nehme an, dass ich erschöpft bin. Und deshalb achte ich heute besonders gut auf mich. Ich bin menschlich. Ich leiste so viel. Ich schenke mir heute alle Zärtlichkeit und

Fürsorge, die mir möglich ist. Ich atme tief durch die Nase ein und lange durch den Mund aus. Immer, wenn mir heute danach ist, durchzuatmen, entspanne ich so meinen Körper und Geist. Ich sorge bestmöglich für mich.“

Stille-Übung „Kerzenschein“:
„Bei allem, was ich heute tue, schenke ich mir warmen Kerzenschein. Ich beobachte für einen Moment, wie die Flamme sich sanft hin- und herbewegt. Ich darf jetzt innerlich ganz ruhig werden und entspannen. Ich muss nichts tun. Ich nehme die leichte Wärme wahr, die meine Kerze für mich ausstrahlt. Ich genieße den Duft, den sie verströmt und die sanften Orange-Töne der Flamme, die mich ganz ruhig werden lassen. Ich bin ganz bei mir. Ich bin ganz geborgen.“

Stille-Übung „Erinnerungsreise“:
„Heute betrachte ich mit meinem Kind ein Fotoalbum und reise mit ihm in sein erstes Lebensjahr/in unseren ersten gemeinsamen Urlaub/in einen Urlaub aus früheren Zeiten/… zurück. Jedes Foto erhält besondere Aufmerksamkeit. Beim Betrachten breiten sich Erinnerungen, Gedanken an eine andere Zeit und auch Gefühle in mir aus. Ich nehme alle Gefühle ganz bewusst wahr. Mit warmem Herzen erzähle ich meinem Kind davon: Freude, die wir erlebt haben, vielleicht Herausforderungen, die wir gemeistert haben, und möglicherweise auch von Wünschen und Plänen, wie einem erneuten Urlaub, die sich aus dem Betrachten ergeben. Wir verbringen ganz bewusst Zeit miteinander. Unsere gemeinsame Erinnerungsreise erfüllt mich und verbindet uns.“

Stille-Übung „Einschlafzauber“:
„Wenn ich heute mein Kind in den Schlaf begleite, darf auch ich mich nur noch ausruhen. Ich spüre, welche Punkte meines Körpers die Unterlage berühren, auf der ich liege. Wandere vom Kopf bis zu den Schultern, meine Arme entlang, bis zum Gesäß und über die Beine bis hin zu den Füßen. Ich lege alles ab. Alle Anspannung des Tages darf von mir gehen. Dann richte ich meine Gedanken auf die Geschenke dieses Tages: Was war besonders schön? Wofür bin ich dankbar? Und während ich dies im Herzen fühle, lausche ich dem Atem meines Kindes.“

2.8 Mitgefühl und Hilfsbereitschaft

Zu guter letzt wird in diesem Kapitel eine selbstwirksame Tätigkeit aufgeführt, die auf den ersten Blick den Anschein erweckt, als käme sie „nur“ anderen Menschen zugute. Tatsächlich bergen mitfühlende und hilfsbereite Gesten jedoch das größte Potenzial, das eigene Herz mit Wärme und Liebe zu erfüllen. Ein populäres Zitat, das oft fälschlicherweise Johann Wolfgang von Goethe (1749-1832) zugeschrieben wird, wahrscheinlich aber von der Pädagogin und Frauenrechtlerin Marie Calm (1832-1887) stammt, fasst dies prägnant in Worte:

> Willst Du glücklich sein im Leben,
> Trage bei zu andrer Glück,
> Denn die Freude, die wir geben,
> Kehrt ins eigne Herz zurück.

Anderen Menschen ein Licht zu sein, ist ein selbstwirksames Ziel, das dem gesamten Leben eines jeden Menschen eine hohe Bedeutung gibt. Hierbei muss der Erwachsene sich nicht völlig selbstlos anderen verschreiben. Mit den Ressourcen, die er hat, kann das Wirken für andere auf so unterschiedliche Weise gelebt werden. In vermeintlich kleinen Gesten für Familie, Freunde oder Nachbarn, in einem Lächeln, einem aufmerksamen Wort, einem Brief, einem Mitbringsel. Oder in einem größeren zeitlichen und/oder finanziellen Engagement für ein gemeinsames Ziel in der Gesellschaft. Hier immer mal wieder in sich hineinzuhorchen, wem man am heutigen Tage eine Freude bereiten kann, ist eine unendliche Bereicherung.

Mitfühlende und hilfsbereite Gesten sind Selbstwirksamkeit und Geschenk für sich selbst, für andere und damit für die ganze Welt – jedes Lachen, jedes Licht zieht seine Kreise. Eine Affirmation, die bis in die Wurzeln des Seins greift und vielleicht zu den stärksten des Menschseins überhaupt zählt, lautet:

„Ich bin ein Geschenk für die Welt!"

2.9 Impulse für den Weg der Umsetzung

Gerade dann, wenn man als Erwachsener mit der Selbstwirksamkeits- und Selbstfürsorgepraxis beginnt, stellt sich als Erstes vielleicht die Frage, wie man überhaupt erkennt, was man gerade braucht. Denn auch wenn jetzt mehrere Möglichkeiten bekannt sind, wie man selbst selbstwirksam sein kann, steht man vielleicht vor der Herausforderung, in der Praxis – im alltäglichen Sein – seine Bedürfnisse in den Fokus zu nehmen und sich die dahinter liegenden Bedürfnisse tatsächlich zu erfüllen.

EXTRA:
Um überhaupt wieder den eigenen Bedürfnissen auf die Spur zu gehen, wartet am Ende dieses Buches ein wertvolles Werkzeug: die Bedürfnis-Rose. Dieses Werkzeug greift die in diesem Kapitel vorgestellten Möglichkeiten des selbstwirksamen Erwachsenen auf und lädt zugleich dazu ein, die eigenen Bedürfnisse in den Blick zu nehmen, um sich jeden Tag selbst so viele Bedürfnisse und selbstwirksame Handlungen zu schenken, wie nur eben möglich. Denn so gut das Wissen um die Möglichkeiten ist, so machen nur das ehrliche Hinspüren und die schrittweise Umsetzung einen Unterschied. Die Bedürfnis-Rose ist eine liebevolle Erinnerung, eine Einladung und letztlich ein Geschenk, das der Erwachsene sich selbst durch die tägliche Nutzung machen kann – um das Elternteil zu sein, das er sein möchte.

Als Zweites stellt sich einem vielleicht die Frage, wie man als Erwachsener seine selbstwirksamen Tätigkeiten in den Tag integrieren kann, auch oder gerade dann, wenn man vielleicht nie alleine ist. Wie ist es möglich, das kleine Kind, das sich noch nicht (lange) alleine beschäftigt, an diese neuen Rituale zu gewöhnen, die Mama oder Papa plötzlich vollzieht? Jeder Familienalltag ist individuell, und genauso individuell können die Wege sein, wie Erwachsene es schaffen, Selbstwirksamkeitsrituale in den Alltag zu integrieren. Um für diese gedankliche Hürde schon Ideen zu haben, folgen an dieser Stelle vier Impulse, die den Weg in die eigene Selbstwirksamkeit im Alltag zusammen mit einem (Klein-)Kind ebnen können, bevor die Umsetzung in der Praxis beginnt:

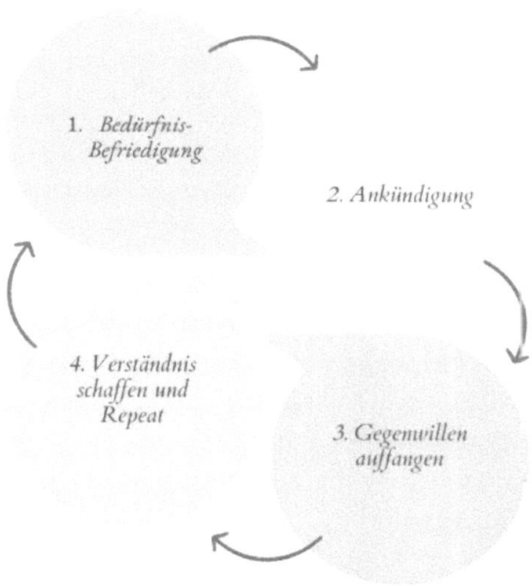

1. BEDÜRFNIS-BEFRIEDIGUNG: Bevor man sich seiner selbstwirksamen Tätigkeit widmet, empfiehlt es sich, zuerst die grundlegenden Bedürfnisse des Kindes zu befriedigen. Kleine Kinder haben viele Bedürfnisse, bei denen sie davon abhängig sind, dass ein Erwachsener sie ihnen erfüllt, aber mit zunehmendem Alter werden die Abstände kleiner, in denen das Kleinkind beispielsweise mit Nahrung oder einer frischen Windel versorgt werden muss. Ist das Kleinkind gesättigt und hat es zuvor auch noch die Nähe und Aufmerksamkeit des Erwachsenen genossen, z. B. beim gemeinsamen Lesen eines Buches,

kann sich ein guter Zeitpunkt ergeben, dem Kleinkind ein aktuell interessantes Beschäftigungsangebot zu machen, welches es nach einem gemeinsamen Einstieg alleine fortführen kann und mag.

> Beispiel: Ein 2-jähriges Mädchen hat nach dem Frühstück gemeinsam mit Mama das neue Lieblingsbuch gelesen und hat jetzt Lust auf ein sensorisches Spiel. Nachdem die Mutter zunächst das Spielangebot hergerichtet und vielleicht auch noch einen Apfel als Vormittagssnack dazu gestellt hat, bleibt sie zunächst dabei (und spielt mit), bevor sie sich ihrer selbstwirksamen Tätigkeit widmet.

2. ANKÜNDIGUNG: Es gibt Tätigkeiten, die man direkt neben dem Kind vollziehen kann, wie beispielsweise das bewusste Ein- und Ausatmen, das Entzünden einer Kerze, die Versorgung mit guter Nahrung etc. Und dann gibt es jene Tätigkeiten, die anfangs vielleicht einer sprachlichen Ankündigung bedürfen, wie z. B. etwas Yoga. Nach und nach ist diese Ankündigung nicht mehr notwendig, auch ist es dann, wenn sich das Kind an diese selbstwirksamen Tätigkeiten gewöhnt hat, vielleicht möglich, sich räumlich etwas weiter zu entfernen, um noch mehr in der eigenen Tätigkeit aufgehen zu können.

> Beispiel: Während der ersten Male ihrer Yoga-Praxis könnte die Mutter diese sprachlich mit den Worten ankündigen, „Während Du beim sensorischen Spiel den Reis mit den Linsen vermengst, strecke ich gleich hier neben Dir etwas meinen Körper. Anschließend können wir gemeinsam weiterspielen. Schau einmal, hier habe ich noch ein neues Gefäß für Dich, das Du vielleicht befüllen magst."

3. GEGENWILLEN (INNERLICH) AUFFANGEN: Vor allem während der ersten Male, aber auch bei regelmäßiger Praxis, kann es sein, dass das Kind das gemeinsame Spiel zu schön findet und den Erwachsenen trotz vorheriger Bedürfnis-Befriedigung und sprachlicher Ankündigung „nicht hergeben“ möchte. Hier ist es besonders wichtig, dass man den Gegenwillen des Kindes einerseits nachvollziehen kann und andererseits innerlich verankert hat, warum diese Tätigkeiten für einen selbst wichtig sind, um zugleich diese Priorität selbst vor Augen zu haben. Der Gegenwille des Kindes könnte sich darin äußern, dass das Kind beispielsweise die Yoga-Matte besetzt oder sagt, „Du sollst das nicht machen!“. Ein Erwachsener, der nicht weiß, warum sein Kind so handelt, wechselt vielleicht in den „Opfer-/Kampfmodus“ und denkt, „Mein Kind will mich ärgern“ oder „Nie darf/kann ich etwas alleine tun“ oder „Jetzt habe ich schon extra .. und kann trotzdem nicht …“. Sind die grundlegenden Bedürfnisse des Kindes befriedigt, kann und darf man den Gegenwillen jedoch so deuten, dass das Kind vielleicht „einfach nur“ am allerliebsten gemeinsam mit einem spielt – und dass das nicht immer so sein wird. Dieses Verständnis lässt einen vielleicht milder reagieren. Dennoch kann und sollte man sein Ziel im Blick behalten. Hier ist die zuvor erwähnte innerliche Festigung notwendig, dass die Selbstwirksamkeit und Selbstfürsorge des Erwachsenen eine hohe Priorität hat. Aus diesem Grunde auch hier noch einmal: Nur wenn es einem selbst gut geht, kann man sich auch gut um sein(e) Kind(er) kümmern.

Beispiel: Mit Beginn der Yoga-Praxis unterbricht das 2-jährige Mädchen sofort ihr sensorisches Spiel, äußert verbal und körperlich ihren Gegenwillen. Die Mutter kann das Verhalten ihrer Tochter nachvollziehen und macht sich vor ihrer Reaktion innerlich die Notwendigkeit und ihr Ziel noch einmal bewusst.

4. VERSTÄNDNIS SCHAFFEN UND REPEAT: Ein Elternteil, das bei aufkommendem Gegenwillen einfühlsam begleitet, vielleicht Enttäuschung oder Tränen auffängt, kann sein Kind langsam an diese Rituale gewöhnen.

   Beispiel: Die Mutter tröstet ihre 2-jährige Tochter und wartet ab, bis auch sie für weitere Handlungen bereit ist. Die Mutter bleibt ruhig, beispielsweise am Boden sitzen, und wartet den eventuell aufgetretenen Gefühlssturm ab. „Du magst viel lieber, dass ich mit Dir weiterspiele, oder? Weißt Du, es ist mir wichtig, dass ich mich gut um mich kümmere. Was hältst Du von der Idee, wenn ich mich noch einmal zu Dir setze und erst danach meine Yoga-Übungen mache? Vielleicht magst Du auch mitmachen? Komm, ich zeige Dir einmal den herabschauenden Hund!“

Genauso wie die selbstwirksamen Tätigkeiten an sich bedürfen auch die Umsetzung und der Weg dorthin Übung und Gewöhnung. Vielleicht ist bei den ersten Malen nur Raum für die Gewöhnung und es kommt nicht zu den selbstwirksamen Momenten, dann sind diese Erfahrungen jedoch trotzdem sehr wertvoll und als Teil des Weges zu betrachten. Vielleicht sind die ersten Tätigkeiten nur möglich, wenn das Kind aktiv mitmachen darf, um sich dann mit der Zeit für das Mitmachen oder für andere eigene Tätigkeiten zu entscheiden. Vielleicht sind auch Kompromisse und vermeintliche Umwege Teil des Prozesses hin zum selbstwirksamen Erwachsenen. Wie auch immer der Weg aussieht: Der Erwachsene darf sich immer vor Augen führen, warum er diesen Weg wählt: für sich selbst und für sein Kind. Denn wenn man immer wieder eine oder mehrere der in diesem Kapitel vorgestellten Energiequellen für sich nutzt, sorgt man nicht nur gut für beide, man lebt zusätzlich auch etwas Wichtiges vor: Selbstfürsorge und Selbstwirksamkeit in der Praxis. Im Idealfall lernt das Kind so für sein ganzes Leben wertvolle Strategien und Beispiele kennen, um sich selbst gut um seinen eigenen Körper und Geist zu kümmern und letztlich Liebe-voll mit sich selbst zu sein.

3. Ein selbstwirksames Zuhause

Nachdem im vorherigen Kapitel die Selbstwirksamkeit des Erwachsenen im Mittelpunkt stand, werden nun sein Denken und seine Einstellungen im Hinblick auf das kindliche Wesen in den Fokus gerückt. Diese Reflexion ist unerlässlich, um ein selbstwirksames und liebevoll-friedvolles Zuhause gestalten zu können. An dieser Stelle fließen theoretische Impulse der Montessori-Pädagogik ein, die eine leicht umzusetzende Gestaltung ermöglichen. Neben der Umgebung werden die Angebotspräsentation, die sprachliche Begleitung und auch die liebevoll-friedvolle Grenzenkommunikation vorgestellt, mit welcher ein Kind selbstwirksam aufwachsen kann. Dieses Hintergrundwissen darf gerne als Motivation, Inspirationsquelle und Kraftort zum Nachschlagen genutzt werden.

Das, was der begleitende Erwachsene über das Kind denkt und sagt, denkt und sagt das Kind auch über sich selbst. Aus diesem Grunde ist es von so großer Bedeutung, dass der Erwachsene wie im vorherigen Kapitel beschrieben einerseits gut für sich selbst sorgt. Andererseits und damit einhergehend ist es von enormer Bedeutung, dass man sich bewusst macht, was man über das kindliche Wesen denkt, welche Glaubenssätze man tief in seinem Innern aufgrund eigener (negativer) Erfahrungen mit in diese Eltern-Kind-Beziehung hineinbringt. Nur mit dieser bewussten Auseinandersetzung des Polsters, auf dem alles andere ruht, kann ein Erwachsener eine Haltung einnehmen und als Leitlinie seines eigenen Handelns markieren, die von Vertrauen und Respekt geprägt ist. Auf Augenhöhe, wenn es möglich ist – mit liebevoll-konsequenter Führung, wenn es erforderlich ist. Wie diese Führung aussehen kann, wird in (Kapitel 3.5) näher beschrieben und auch in Teil III innerhalb der einzelnen selbstwirksamen Tätigkeitsbereiche immer wieder beispielhaft aufgezeigt (s. „Impulse zum friedvollen Grenzenwahren").

Neben diesem Vertrauenspolster, dem Wissen um die kindlichen Bedürfnisse (s. Kapitel 1) und der Selbst-Reflexion, darf als Herzstück dieser Haltung ein positiver Blick auf das Kind mitschwingen: die Überzeugung, dass jedes Kind gut ist, auch wenn die Begleitung Herausforderung, manchmal auch Anstrengung, aber dadurch auch ein wertvolles Über-sich-Hinauswachsen bedeuten.

Einen zur damaligen Zeit revolutionären und besonders positiven Blick auf das Kind hatte Maria Montessori (1870-

1952). Die italienische Ärztin und Reformpädagogin schuf zu Beginn des 19. Jahrhunderts mit ihrer Pädagogik und mit ihrer inneren Haltung, das kindliche Wesen zu betrachten und zu begleiten, ein völlig neues Verständnis vom Kind. Ihre Betrachtungsweise inspiriert noch heute und scheint auch in einzelnen Kapiteln dieses Praxisbuches immer wieder durch. Montessori ging davon aus, dass jedes Kind einen inneren Bauplan hat, dem es als Baumeister seiner selbst folgt, um zu werden, was es bereits ist. Die wichtigste Aufgabe des Erwachsenen, um das Kind bei der Verfolgung seines angeborenen Planes zu unterstützen und seine individuellen Stärken zu befördern, ist nach ihrer Auffassung die *Beobachtung* des Kindes, während es sich frei entfalten und frei in einer vorbereiteten Umgebung wirken darf:

> In diesem zarten Alter zeigt sich das Menschwerden in all seinem geistigen Glanz, wie die Sonne in der Morgendämmerung und die Blume bei der Entfaltung ihrer ersten Blätter, und wir müssen mit einer wahrhaft religiösen Verehrung auf diese ersten Anzeichen der Individualität achten. Wenn irgendein Eingreifen der Erziehung wirksam sein soll, so nur jenes, welches darauf abzielt, die vollständige Entfaltung dieses Lebens zu befördern. (Montessori 1913: S. 82)

Das Kind muss nach Montessori schon im frühen Kindesalter aus einem eigenen inneren Antrieb heraus selbst tätig und wirksam sein dürfen.

> Es ist unmöglich, die Folgen davon abzuschätzen, wenn man eine spontane Handlung unterdrückt in einer Lebensperiode, wo das Kind eben beginnt zu handeln. (ebd.)

Erhält ein Kind die Freiheit, seinen Interessen und seiner intrinsischen Motivation nachzugehen, ermöglicht der Erwachsene dem Kind die Entfaltung von Fähigkeiten und von

Erkenntnissen, deren Sichtbarwerden den Erwachsenen selbst ins Staunen versetzen und die zugleich in hohem Maße dazu beitragen, dass das Kind selbstständig und unabhängig wird.

> Unsere Unterstützung soll es den Kindern möglich machen, die Befriedigung ihrer eigenen Wünsche und Bestrebungen selbst herbeizuführen. Dies heißt zur Unabhängigkeit erziehen. (dies.: S. 92)

Um Kindern Selbsttätigkeit und damit Selbstwirksamkeit sowie Unabhängigkeit zu ermöglichen, bot Montessori in ihren Kinderhäusern den Kindern unter anderem die „Übungen des praktischen Lebens" an. Diese werden detailliert in Kapitel 4.2 vorgestellt.

3.2 Eine „Du-kannst-das!"-Umgebung

Jeder Mensch, und besonders jeder junge Mensch, braucht einen anderen Menschen, der „Ja" zu ihm sagt. Einen Befürworter und einen Unterstützer, der das Potenzial in seinem reinen Dasein erkennt:

> „Ja – Ich glaube an Dich!"
> „Ja – Ich unterstütze Dich!"
> „Ja – Ich gebe Dir Zeit und Raum!"

Kinder, die selbstwirksam aufwachsen, dürfen in einem gesetzten und geschützten Rahmen mitreden und mitentscheiden. Das braucht und fordert Zeit: Kinder benötigen Zeit, um sich auszuprobieren. Und Eltern brauchen zusätzliche Zeit, um die Umgebung den Entwicklungsbedürfnissen und Interessen ihres Kindes anzupassen. Grundsätzlich sollte die Umgebung des Kleinkindes so gestaltet sein, dass alle erreichbaren Schränke, Schubladen und Gegenstände für seine Hände geeignet sind. Befinden sich gefährliche oder für Eltern kostbare Gegenstände außer Reichweite, erübrigt sich so manches „Nein!" und das Kind kann sich frei(er) in seiner Lebenswelt bewegen. Dass die Blumenerde für das Baby oder der Inhalt der erreichbaren Schubladen für ein Kleinkind einen unbändigen Reiz ausüben, dauert nur eine ganz kurze Zeit in seinem Leben. Eltern, die hier gütig und verständnisvoll agieren und für diese Dauer Dinge beiseite stellen oder Schubladen sichern, umgehen nicht, „dass es eben Grenzen gibt", sondern sie investieren ihre Energie anstatt in potentielle Alltagskonflikte in einfache Lösungen und in das Miteinander.

Der Erwachsene darf im Sinne seiner Ressourcen handeln: Das bedeutet, er darf es sich leicht machen, wo es sich für ihn leicht anfühlt. Zähneknirschendes Wegräumen hingegen darf durch ein authentisches „Nein (das ist mir wichtig)" ersetzt werden. Überlegungen dazu, was einem selbst wichtig ist und was zum Beispiel in der Umgebung bleiben soll oder muss, bilden einen wahren Ausgangspunkt fernab von künstlich aufrecht erhaltenen Grenzen, deren Verteidigung viel Energie raubt. Obendrein macht es für die Beziehung einen erheblichen Unterschied, ob ein Kleinkind in Räumlichkeiten aufwächst, in denen es immerzu auf Verbote stößt, oder in Räumlichkeiten, die es zum Be-greifen und Aktiv-werden einladen.

Praxis-Tipp:
Um sich einen Eindruck von der Umgebung zu machen, lohnt es sich, als Erwachsener einen Perspektivwechsel herbeizuführen. Hierzu setzt man sich auf den Boden eines zentralen Raumes und stellt sich vor, nun wieder ein Baby oder Klein-

kind zu sein. Was würde einen besonderen Reiz ausüben? Welche Gegenstände, welche Figuren, welche technischen Geräte hätten eine nahezu magische Anziehungskraft, weil sie so unfassbar funkeln, so faszinierend viele Knöpfe haben? Vielleicht sogar eine Anziehungskraft, die bestehen bleibt, auch wenn jemand eindringlich darum bittet, diesen Gegenstand nicht erneut zu berühren.

Fragen, die grundsätzlich zur Reflexion bei der Gestaltung einer für beide Seiten passenden Umgebung einladen, können die folgenden sein:

> „Sind alle Gegenstände, die in Reichweite meines Kindes sind, auch für seine Hände geeignet?“
> „Welche Gegenstände sind mir besonders wichtig? (Ich räume sie fort, um sie zu schützen.)“
> „Wie kann ich unsere Umgebung besonders klar und übersichtlich gestalten? Was darf (erst einmal) weg?“
> „Für welche Themen/Gegenstände/Handlungen interessiert sich mein Kind momentan besonders?“
> „Was kann ich alternativ für Verlockungen schaffen, die ich nicht wegräumen kann (wie eigens für das Kind geschaffene „Kram-Fächer“ oder „Wühl-Schubladen“)?“

3.3 Einführung und Präsentation des Angebots

Ist die Umgebung grundsätzlich so gestaltet, dass man sich selbst wohl fühlt und zugleich das Kind möglichst frei agieren kann, dürfen die konkreten Angebote und Tätigkeiten folgen, die zum selbstwirksamen Mitmachen einladen. Welche Angebote das sein können, wird im Praxisteil (III) detailliert vorgestellt. Einige Tätigkeiten und Möglichkeiten, ein Kind zum selbstwirksamen Mitmachen in den eigenen vier Wänden einzuladen, sind bestimmt schon bekannt. Andere sind vielleicht eine schöne Inspiration oder Weiterentwicklung der eigenen Ideen. Dieses Buch darf gerne als Nachschlagewerk und Inspirationsquelle genutzt werden.

Idealerweise lädt man das Kind zu solchen selbstwirksamen Handlungen ein, die an jene Interessen anknüpfen, die es zuvor durch sprachliche Äußerungen oder auch Handlungen gezeigt hat. Oder zu solchen, die Leichtigkeit in vielleicht aktuell herausfordernde Tätigkeiten bringen, z. B. das Zähneputzen. Die Beobachtung ist wie in Kapitel 3.1 beschrieben eine der wichtigsten Aufgaben des Erwachsenen.

Wird das Kind vom Erwachsenen zum ersten Mal zu einer Tätigkeit eingeladen, kann es sich am besten auf diese Einladung einlassen, wenn alle anderen Grundbedürfnisse befriedigt sind. Ein ausgeruhtes und sattes Kind kann sich besser auf eine neue Handlung oder ein neues Werkzeug einlassen und konzentrieren, als ein übermüdetes oder hungriges Kind. Idealerweise hat man (für die ersten Male) den Arbeitsplatz des Kindes auch schon so vorbereitet, dass das Kind sich sofort zurechtfindet und nach der Präsentation durch den Erwachsenen selbst tätig werden kann. Das kann an einem Tisch, auf einem Tablett oder auch in ganz anderer Form sein.

Beispiel: Ein Vater zeigt seiner 3-jährigen Tochter nach der Mittagsruhe und einem Nachmittagssnack zum ersten Mal, wie sie mithilfe einer Saftpresse aus Orangen selbst Orangensaft pressen kann. Vorher hat er die Orangen bereits abgewaschen und halbiert sowie auf einer frei geräumten Arbeitsfläche am Arbeitsplatz eine Saftpresse, ein Glas und eine Schale für die ausgepressten Orangenhälften bereitgestellt.

Während dem Kind eine neue Handlung gezeigt wird, spricht der begleitende Erwachsene im Idealfall nicht, damit das Kind sich voll auf das Gezeigte konzentrieren kann. Gegenstände oder beispielsweise Früchte können zuvor benannt werden. Wenn man eine Tätigkeit zeigt, vollzieht man seine Handbewegungen langsam und deutlich sichtbar, damit das Kind diese genau beobachten kann. Das Kind darf einen Platz einnehmen, von dem aus es die Handbewegungen des Erwachsenen gut sehen kann (vgl. Bläsius 2013: S. 25).

Beispiel: Der Vater lädt seine Tochter dazu ein, zu ihm in die Küche zu kommen und in den Learningtower zu steigen. Vorab erzählt er ihr, dass er sie heute gerne einladen möchte, gemeinsam mit ihm Orangensaft aus Orangen zu pressen und er fragt sie, ob sie Lust auf diese Aufgabe hat. Nachdem die Tochter dies bejaht hat, kündigt er an, dass er ihr zuerst zeigt, wie die Saftpresse funktioniert. Erst danach greift er mit seinen Händen nach einer Orangenhälfte und der Saftpresse, um in langsamen Handbewegungen zu demonstrieren, wie das Pressen funktioniert.

Nachdem die Vorführung durch den Erwachsenen beendet ist, darf das Kind die Tätigkeit selbst versuchen. Gerade wenn ein Kind eine Tätigkeit zum ersten Mal probiert, gelingen die gezeigten Handbewegungen im ersten Anlauf vielleicht nicht flüssig. Aber schön ist es, wenn ein Kind tatsächlich Raum erhält, diese Bewegungen selbst (immer wieder) zu probieren. Montessori brachte dies wie folgt auf den Punkt:

> Das Leben anzuregen – und es sich dann frei entwickeln und entfalten lassen – hierin liegt die erste Aufgabe des Erziehers. (Montessori 1913: S. 109)

Das aufgeführte Beispiel mag dies verdeutlichen:

> Beispiel: Die 3-Jährige drückt zunächst eine Orangenhälfte nur punktuell auf die Saftpresse und stellt fest, dass nur wenige Tropfen Orangensaft in den Behälter fließen. Sie schlägt die Orangenhälfte mehrmals auf die Spitze der Presse, wobei ein paar Spritzer Saft daneben sprengen. Der Vater beobachtet seine Tochter lediglich, kommentiert nicht und greift auch nicht in die Arbeit seiner Tochter ein. Schließlich dreht die Tochter die Orangenhälfte auf der Spitze der Saftpresse hin und her und freut sich, wie viel Saft nun aus der Orangenhälfte in den Behälter fließt.

Kinder ahmen nach. Oft entwickeln sie jedoch auch ganz eigene Lösungswege, die sie ebenfalls zum Ziel bringen. Eltern, die hier offen für den Weg ihres Kindes sind, nicht an ihren eigenen, nicht an den gezeigten Bewegungen festhalten und nicht eingreifen, ermöglichen ihrem kompetenten Kind, Vertrauen in die eigenen Fähigkeiten zu entwickeln – Fähigkeiten, die sie zweifelsohne haben. Kinder haben nicht nur eigene Ideen, Kinder haben oft auch die für sich selbst am besten umzusetzenden Ideen. Auch wenn ein Kind Schwierigkeiten hat, mit seinen Bewegungen strauchelt, darf der Erwachsene innehalten – bis das Kind vielleicht von sich aus um Hilfe bittet. Eltern, die leise beobachten und eine offene, vertrauensvolle Haltung haben, sind die besten Lernbegleiter. Mehr zur sprachlichen Begleitung wird im nachfolgenden Kapitel 3.4 beschrieben.

Die Handlungen des begleitenden Erwachsenen könnten zusammenfassend so aussehen:

- Arbeitsplatz mit allen notwendigen Materialien (gemeinsam) vorbereiten
- die Tätigkeit vorführen
- das Kind selbst probieren lassen

- mit Gesten und Worten zurückhalten
- bei Rückfragen des Kindes unterstützend zur Seite stehen
- und in Summe: vorbereiten, vorführen, zurückhalten und unterstützen

Insbesondere immer wiederkehrende, feste, kleine Aufgaben, die ein Kind im Alltag übernehmen darf, stärken sein Bewusstsein der eigenen Stärken und Fähigkeiten.

Hierauf bezogen noch ein wichtiger Hinweis, der gedanklich bei jedem Angebot präsent sein darf: Ein Angebot ist ein Angebot. Sollte das Kind kein Interesse an einem bestimmten Werkzeug oder einer bestimmten Tätigkeit haben, darf man sich gedanklich eine Notiz machen und aus dieser Erkenntnis ein neues Angebot gestalten. Hilfreich ist hier das Bewusstsein dafür, dass sofern vom Erwachsenen kein Angebot gemacht wird, weder das Kind noch der Erwachsene selbst Kenntnis darüber erlangen kann, ob dieses Angebot für das Kind von Interesse wäre. Ein Angebot ist also immer eine Einladung, die vom Kind abgelehnt werden darf. Zugleich gibt die Annahme oder Ablehnung des Angebots Aufschluss über die wahren Interessen des Kindes, was wiederum wertvolle Erkenntnisse für den Erwachsenen selbst bergen kann – auf dem Weg ins Leben seines selbstwirksamen Kindes.

3.4 Die Kraft der Worte

Die Sprache hat in den ersten Lebensjahren eines Kindes eine enorme Bedeutung, auch wenn das Kind selbst zu Beginn noch nicht sprechen kann – insbesondere auch nicht während selbstwirksamer Tätigkeiten.

> Die Verbindung der konkreten Tätigkeit mit der Bezeichnung der Gegenstände kommt dem Bedürfnis, Ordnungsstrukturen zu bilden, entgegen. (Zboralski 2013: S. 25)

Ein Erwachsener, der von Anfang an Gegenstände beim Namen nennt, seinem Kind in beschreibenden Worten wiedergibt, welche Tätigkeiten er gleich vollzieht, und der erklärt, wofür etwas ist, ermöglicht seinem Kind nach und nach die Welt um sich herum zu verstehen: „Was heißt wie?", „Wofür wird es gebraucht?" und „In welcher Beziehung steht es zu etwas anderem?". So verknüpft sich durch die Sprache kognitiv ein Puzzleteil mit einem anderen: Das Kind konstruiert *seine* Umwelt und kann sie darauf aufbauend selbst in Worte fassen. Und noch mehr: Durch seine sprachliche Kompetenz verfügt das Kind über die Fähigkeit, sich selbst mitzuteilen und auszutauschen:

> „Das ist mein Bauch. Der tut weh!"
> „Die Amsel hat Flügel und kann fliegen. Sie ist auch ein Vogel!"
> „Die Amsel ist ein Lebewesen wie ich selbst."

Wann immer möglich, darf und sollte Sprache deshalb begleitend stattfinden, lebendig sein und Freude bereiten. Ist ein Kind so in seiner Arbeit vertieft, dass die sprachliche Begleitung es ablenken würde, ist wie beschrieben die Stille vorzuziehen. Dann eröffnet sich für den Erwachsenen ein Raum, um das Kind einfach nur zu beobachten. Nicht selten wird Faszination dann auf beiden Seiten sichtbar: die des Kindes, welches in seiner Arbeit aufgeht. Und die des Erwachsenen, der vielleicht von der Art und Weise des arbeitenden Kindes fasziniert ist.

Ist ein Kind selbstwirksam und fordert es durch seine Worte, direkten und freudigen Blickkontakt etc. den Erwachsenen zu verbalen Äußerungen auf, kann man die bewusste sprachliche Begleitung nutzen, um seinem Kind ein Spiegel zu sein. Ein Spiegel, der nicht bewertet, in die Kategorien „gut“ oder „schlecht“ einstuft, sondern der einfach nur wiedergibt, was das Kind gerade tut oder (erstmalig) allein geschafft hat. Ein Spiegel, der beschreibt, damit das Kind selbst einmal in Worten wiedergeben kann, welche Fähigkeiten und Stärken es hat.

> Beispiel: Ein 2-Jähriger schafft es zum ersten Mal, für sich eine Banane zu schälen. Seine Freude darüber ist riesengroß, sodass er seinen Vater freudestrahlend anblickt. Der Vater kann diesen Erfolg für seinen Sohn in Worte fassen, indem er beispielsweise sagt: „Du hast Dir ganz alleine die Banane geschält! Ich freue mich für Dich!“. Vielleicht erzählt der Sohn dann etwas später seiner Mutter: „Ich habe mir ganz alleine die Banane geschält! Ich freue mich!“

Grundsätzlich, d. h. sowohl während der selbstwirksamen Tätigkeiten, als auch während des gesamten Alltags und insbesondere in Konflikten, ist eine Sprache empfehlenswert, die friedvoll, achtsam und auf tatsächlichen Austausch ausgelegt ist. Hierfür sei die so genannte „Gewaltfreie Kommunikation“ (GFK) erwähnt, die auf den amerikanischen Psychologen und Mediator Marshall B. Rosenberg (1934-2015) zurückgeht und die im Rahmen dieses Buches als Inspiration zur weiteren Vertiefung vorgestellt sein soll.

Die „Gewaltfreie oder auch Einfühlsame Kommunikation gründet sich auf sprachliche und kommunikative Fähigkeiten, die unsere Möglichkeiten erweitern, selbst unter schwierigen Umständen menschlich zu bleiben“ (Rosenberg 2016: S. 18). Schimpfen, Beschämen, positives oder negatives Bewerten darf mithilfe der GFK echter Kommunikation im Sinne von Verbindung weichen.

> Die GFK hilft uns bei der Umgestaltung unseres sprachlichen Ausdrucks und unserer Art zuzuhören. Aus gewohnheitsmäßigen, automatischen Reaktionen werden bewusste Antworten, die fest auf dem Boden unseres Bewusstseins dessen stehen, was wir wahrnehmen, fühlen und brauchen. Wir werden angeregt, uns ehrlich und klar auszudrücken und gleichzeitig anderen Menschen unsere respektvolle und einfühlsame Aufmerksamkeit zu schenken. Unabhängig vom Thema eines Gesprächs gelingt es uns dann immer besser, unseren eigenen zugrunde liegenden Bedürfnissen wie auch denen unserer Gesprächspartner auf die Spur zu kommen. (ders.: S. 19)

Ein Beispiel mag helfen, diesen zentralen Gedanken zu verdeutlichen:

> Beispiel: Ein 2-jähriges Mädchen weigert sich, bei Regenwetter die Gummistiefel anzuziehen und besteht darauf, Sandalen zu tragen. Die Mutter könnte nun ihren Fokus auf die daraus entstehende Schwierigkeit legen und ihre Überlegenheit ausleben: „Immer dieses Anzieh-Theater vor dem Rausgehen! Du wirst krank, wenn du nur Sandalen trägst! Du ziehst jetzt die Gummistiefel an oder wir bleiben zu Hause!".
> Im Sinne der GFK könnte die Mutter dagegen wie folgt reagieren Sie würde sich in ihr Kind und sein Bedürfnis hineinfühlen, dieses in Worte fassen und die Verantwortung bei sich belassen: „Dir ist wichtig, allein zu entscheiden, was Du anziehst, oder? Und Du magst Deine Sandalen besonders gerne? Mir ist wichtig, dass Du trockene Füße behältst, damit Du gesund bleibst. Wir machen es so: Wir ziehen die Gummistiefel an und nehmen die Sandalen in Deinem Rucksack mit! Einverstanden?"

Damit ist die GFK nicht nur eine Möglichkeit, eine friedvolle Sprache im Alltag zu wählen, vielmehr trägt sie auch dazu bei, dass man als Erwachsener lernt, seine eigenen Bedürfnisse und Grenzen in Worte zu fassen. Neben den eigenen Bedürfnissen wird man auch befähigt, die Bedürfnisse des Kindes empathisch wahrzunehmen und zu artikulieren. Die GFK kann somit ein wichtiger Bestandteil des gesamten Zusammenlebens, des Begleitens von Konflikten und eines friedvollen Zusammenlebens sein. Im Praxisteil dieses Buches (III) werden bei den verschiedenen selbstwirksamen Tätigkeiten immer wieder „Impulse zum friedvollen Grenzenwahren" aufgezeigt, welche auch sprachliche Beispiele in Form von kurzer wörtlicher Rede enthalten, die an der GFK orientiert sind.

3.5 Wie kann man reagieren, wenn Mitmachen nicht möglich ist?

Auch wenn man grundsätzlich einen positiven Blick auf sein Kind hat und ihm Teilhabe ermöglichen möchte, wird jeder Erwachsene Situationen begegnen oder solche kennen, in denen es nicht möglich ist, dass das Kind genau jene Tätigkeit ausführen kann, die es gerade tun möchte. Beispielsweise, weil die Tätigkeit ein Verletzungsrisiko birgt und man selbst das Bedürfnis nach Sicherheit und Unversehrtheit des Kindes hat oder weil einfach die notwendige Zeit fehlt und man selbst das Bedürfnis nach Leichtigkeit hat.

Entscheidend und wichtig zu wissen ist nicht nur, wie Grenzen kommuniziert werden können, sondern auch, warum es gut ist, als Erwachsener und als Kind Grenzen zu erfahren und zu erleben. Grenzen bringen uns miteinander in Kontakt und geben preis, wer wir wirklich sind, was uns ausmacht und welche Bedürfnisse wir haben. Erwachsene, die hier keine Angst vor Konflikten und Gefühlen haben und in der Verantwortung bleiben, können bestmöglich die Bedürfnisse aller im Blick behalten und verständnisvoll auf der Seite des Kindes bleiben – auch und gerade wenn die Grenze des Erwachsenen bestehen bleibt.

Der Familientherapeut Jesper Juul prägte in diesem Zusammenhang den Begriff davon, als Erwachsener in der Beziehung der „Leitwolf" zu sein, und begründete dies mit folgenden Worten:

> Um fruchtbare und tragfähige Beziehungen zwischen Erwachsenen und Kindern aufzubauen, müssen die Erwachsenen die Führung übernehmen. (Juul 2016: S. 22)

Nur so haben Kinder in ihrem Leben auch einen natürlichen Rahmen, an dem sie sich orientieren können. Stößt der Erwachsene selbst an seine Grenzen, weil beispielsweise das Kind so agiert, dass es die Grenzen des Erwachsenen überschreitet, darf man in die Verantwortung gehen und seine Grenze kommunizieren.

> Die ideale durch Erwachsene ausgeübte Führung ließe sich folgendermaßen beschreiben: Sie ist proaktiv, empathisch, flexibel, dialogbasiert und fürsorglich. (ders.: S. 24)

Der Erwachsene muss einspringen, um Schaden abzuwenden und sein Kind beispielsweise vor Verletzungen mit einem Schneidemesser zu schützen. Und er darf einspringen, wenn er möchte, dass der Küchenboden sauber bleibt. Trauer oder Wut des Kindes dürfen Raum haben und vom Erwachsenen in der Rolle des weisen Leitwolfes verständnisvoll begleitet werden.

Stößt das Kind an seine Grenzen, beispielsweise, weil etwas nicht seinen Vorstellungen entspricht oder etwas nicht so gelingt, wie es sich das nach Autonomie und Abhängigkeit strebende Kind wünscht, darf es diese Grenze ebenfalls auf seine Weise kommunizieren. Das Kind darf seine Grenzen kennen lernen, es darf scheitern, Schwierigkeiten meistern und persönlich wachsen. Dafür ist es bestimmt und danach strebt es. Mit einem begleitenden Erwachsenen an seiner Seite gewinnt es einen wertvollen Erfahrungsschatz für sein Leben:

„Mir wird offen und ehrlich gesagt, wenn ich mit einer Grenze von Mama/Papa/… in Kontakt komme."
„Ich darf meine eigenen Grenzen kommunizieren."
„Ich darf alle Gefühle fühlen!"
„Meine Wut geht vorüber."

Und hier und da ist es vielleicht auch möglich, dass der Erwachsene seine Grenze überdenkt und aus einem „Nein" ein „Ja" wird. Dafür ist es hilfreich, wenn der Erwachsene in die Vogel-Perspektive wechselt. Der Wechsel in diese Beobachter-Perspektive ist gerade in verrannten Situationen meist der schwerste Schritt und zugleich ein wahrer „Process-Changer" – insofern, dass dieser bewusste Wechsel den weiteren Verlauf des gesamten Gesprächs oder Konflikts maßgeblich und positiv beeinflusst. Aus der sich herausnehmenden Vogel-Perspektive ist es dem Erwachsenen leichter möglich, das zu überblicken, was *wirklich* ist und geschieht (und nicht das, was vielleicht vom anstrengenden Tag schon mitschwingt oder eigene Gefühle vielleicht gerade überdramatisieren), und die liebevoll-friedvolle Führung zu übernehmen. Zwei Fragen, um einen klareren Blick auf einen Konflikt oder auch Grenz-Überschreitungen zu bekommen, können aus der Vogel-Perspektive sein:

- „Worum geht es gerade *wirklich*? Hat mein Kind gerade tatsächlich eine meiner Grenzen überschritten oder geht es mir in Wahrheit um etwas anderes (wie gesehen werden, Rechthaben, Luft rauslassen, …)?
- „Wenn ich mich aus der Situation herausnehme und mich und mein Kind aus dieser Vogel-Perspektive heraus wahrnehme, was würde uns *jetzt* und in diesem Moment gerade gut tun?“

Und wenn man feststellt, dass die eigene Grenze gar nicht so starr existiert, dass es dem Kind gerade vielleicht wirklich nur um diesen einen Gegenstand oder diese eine Handlung geht, ist es vielleicht auch möglich, die eigene Energie umzupolen und umzulenken. Energie aufzuwenden, um gemeinsam Kompromisse zu schließen und Alternativen zu finden, um aus einem „Nein“ ein „Ja“ zu einem Kompromiss oder ein „Ja“ zu einer Alternative zu gestalten.

> Beispiel: Ein 3-jähriger Junge möchte unbedingt mit dem größten und schärfsten Messer der Besteckschublade die Paprika schneiden. Die Mutter lehnt diesen Wunsch aufgrund des Verletzungsrisikos direkt ab.

Ein Kompromiss könnte nun darin bestehen, gemeinsam diese Tätigkeit auszuführen und das Messer zusammen festzuhalten, während die Mutter hinter dem Kind steht und sicherstellt, dass die Kinderhände vor Verletzungen geschützt sind. Ist der Mutter dieser Kompromiss auch noch zu unsicher, könnte sie ihrem Sohn eine alternative Tätigkeit anbieten, z. B. bei der Zubereitung der Mahlzeit anstelle des Schneidens das Verrühren, Umfüllen o. Ä. zu übernehmen. Zeigt der 3-Jährige immer wieder Interesse daran, Gemüse zu schneiden und birgt ein richtiges Schneidemesser noch ein zu großes Verletzungsrisiko, lohnt es sich vielleicht, ein neues und geeignetes Werkzeug anzuschaffen, z. B. einen Wellenschneider (s. Kapitel 5.5), den der Sohn dann immer wieder einsetzen kann. Mittelfristig könnte ein geeignetes Kindermesser (s. Kapitel 5.6) einziehen, bis der Sohn in der Lage ist, ein richtiges Schneidemesser (s. Kapitel 5.7) zu verwenden. Gerade Kinder, die Interesse an der Essenszubereitung haben, werden häufig von Küchenwerkzeugen in den Bann gezogen. Eltern reagieren hier bisweilen abwehrend, ohne die tatsächlichen Möglichkeiten zu kennen. Die Gründe dafür sind unterschiedlich: Verbote in der eigenen Kindheit, begründete Angst und/oder schlechte Erfahrungen.

Wenn man es gewohnt ist, aus diesen verschiedenen Gründen stets zuerst mit „Nein, das geht nicht“ zu reagieren, braucht es etwas Übung, in einer „Für-mein-Kind“-Haltung und in möglichen Alternativen zu denken. Aber es lohnt sich: Konflikte aufgrund von verhärteten Fronten, strikten Neins und in ihrem Selbstwertgefühl gekränkten Kindern entstehen erst gar nicht, weil Partizipation gelebt wird, die wiederum ein kooperatives Verhalten seitens des Kindes befördert. Je häufiger sich ein Erwachsener darin übt, Tätigkeiten für das Kind mit Alternativen oder Kompromissen möglich zu machen, umso leichter fällt ihm dieses Denken. Je nach Ressourcen vielleicht nicht an allen Tagen, aber in einem (immer größer werdenden) Teil der Zeit. Kompromisse sind keine Schwäche. Kompromisse sind eine Stärke.

Im nachfolgenden Praxisteil dieses Buches werden bei den verschiedenen selbstwirksamen Tätigkeiten innerhalb der „Impulse zum friedvollen Grenzenwahren“ neben der sprachlichen Begleitung auch verschiedene Wege aufgezeigt, wie man als Erwachsener mit einem „Nein“ auf Mitmach-Wünsche reagieren kann – empathisch und die Bedürfnisse des Kindes im Blick behaltend, ausgerüstet mit einem Wissen um Alternativen und Kompromissen.

Teil III

Der dritte Teil dieses Buches widmet sich nun der Praxis. Dabei werden zunächst das „Sensory Play" sowie die „Übungen des praktischen Lebens" nach Maria Montessori als Einstiegsmöglichkeiten in die Selbstwirksamkeit des Kindes vorgestellt. Darauf aufbauend folgen Ausführungen zu mehreren Bereichen, in denen das Kind selbstwirksam teilhaben, mitmachen und selbst erschaffen kann.

Sowohl die Einstiegsmöglichkeiten als auch die selbstwirksamen Tätigkeitsbereiche enthalten praktische Tipps und Informationen dazu, welche Must-Haves zum Wirken erforderlich sind und welche Vorbereitungen der Erwachsene treffen kann. Neben Anregungen zur Durchführung durch das Kind sind vielerorts auch Impulse zur friedvollen Wahrung der Grenzen und weitere Umsetzungstipps zu finden. Am Ende der Kapitel wird der jeweilige selbstwirksame Bereich zusätzlich mit Abbildungen zu den einzelnen Tätigkeiten abgerundet, die der Veranschaulichung und als Inspirationsquelle dienen.

Je nach Alter des Kindes, seinen Interessen und der Ressourcen (wie Zeit, Platz für das Kind mitzuarbeiten, …) können die selbstwirksamen Tätigkeiten auch verändert und erweitert werden. In den nachfolgenden Ausführungen werden zunächst einzelne Handlungen fokussiert und mit zunehmendem Alter und zunehmenden Fähigkeiten ganze Handlungsabläufe als Anregung aufgezeigt. Auch werden verschiedene Werkzeuge vorgestellt, sodass der Erwachsene zwischen seinem Bedürfnis (z. B. nach Sicherheit) und dem Bedürfnis des Kindes (z. B. nach Autonomie und danach mitzuwirken) verschiedene Möglichkeiten der Umsetzung erfährt. Das Finden von Alternativen und Kompromissen darf vom Erwachsenen unbedingt als Erfolg wahrgenommen werden. Jedes Mal, wenn er sich für Alternativen und Kompromisse entscheidet, für das Ermöglichen dessen, was möglich ist, entscheidet er sich zugleich für die Liebe. Dieser Praxisteil soll daher auch eine Einladung dazu sein, diese Möglichkeiten näher zu betrachten und vielleicht das eine oder andere Werkzeug oder die eine oder andere Tätigkeit gedanklich schon einmal vorzumerken.

4. Einstiegsmöglichkeiten in die Selbstwirksamkeit des Kindes

Das „Sensory Play“ ermöglicht dem Kind ebenso wie die klassischen „Übungen des praktischen Lebens“ nach Maria Montessori einen offenen Einstieg und eine ideale Vorbereitung auf das selbstwirksame Mitmachen, beispielsweise bei der Essenszubereitung oder der Pflanzenpflege. Das Kind hat bei beiden Angeboten, dem Sensory Play und den Übungen des praktischen Lebens, die Möglichkeit, autonome, sinnliche, kognitive sowie besondere haptische Erfahrungen zu machen. Zudem erwirbt es durch die Erfahrungen mit den Materialien und Werkzeugen motorische Fähigkeiten, die wiederum den Weg in die Selbstwirksamkeit ebnen. Worin sich die beiden selbstwirksamen Tätigkeiten unterscheiden und worin sie sich bestärken, wird nachfolgend vorgestellt.

4.1 Das „Sensory Play“

Das „Sensory Play“ („sensorisches Spiel“) ist ein Tätigkeitsangebot für Kinder, welches dem Freispiel zugeordnet werden kann und kein definiertes Ziel in Form von bestimmten Abläufen oder eines Ergebnisses verfolgt. Beim Sensory Play hält der Erwachsene beispielsweise eine kleine Babywanne, ein Tablett und/oder Schalen sowie verschiedenes Löffel- und Schüttwerkzeug für das Kind bereit. Mit verschiedenen Materialien, beispielsweise aus der Natur (Kastanien oder Eicheln) oder aus der Küche (Maiskörnern oder Reis), darf das Kind dann in der vorbereiten Umgebung am Boden oder Tisch frei experimentieren, spielen und einfach aus dem Herzen seinen Ideen nachgehen: beispielsweise Reis hin- und herschütten, Mais von einem Gefäß in das andere löffeln oder einfach nur mit den

Händen die Materialien wahrnehmen, durchwühlen und entdecken.

Impulse zum friedvollen Grenzenwahren:
Um den Aktionsradius zu definieren, in dem das Kind während des Sensory-Play frei mit den ihm zur Verfügung gestellten Materialien wirken kann und agieren darf, empfiehlt es sich, diesen Aktionsradius auch optisch zu begrenzen und sprachlich darzulegen. Dies kann man beispielsweise dadurch tun, dass man das Sensory-Play-Angebot auf einem Bettdeckenbezug am Boden anbietet und diesen zusätzlich mit zu Rollen geformten Wolldecken einrahmt. Der Bettdeckenbezug ist meist besonders dünn und verschluckt im Gegensatz zu Wolldecken wenig Material. Mit dieser optischen Hilfestellung kann man dem Kind außerdem verdeutlichen, in welchem Bereich es sich völlig frei bewegen darf, z. B. mit dem Hinweis, „Innerhalb dieses Bereiches darfst Du frei spielen". Die zu Rollen geformten Wolldecken sind insbesondere für ganz junge Kinder empfehlenswert, die den Reis beispielsweise gerne einfach auf dem Boden verteilen, um ihn mit Händen und Füßen wahrzunehmen. Durch die Rollen bleibt das Material dennoch im definierten Wirk-Bereich. Besonders geeignet sind die Decken-Rollen als Begrenzung auch für die hüpfenden Wasserperlen, die nachfolgend noch aufgeführt werden.

Hat das Kind seinen Aktionsradius verinnerlicht, ist für den Erwachsenen ein Eingreifen weniger häufig notwendig und somit ist auch sein Rückzug eher möglich. Ist das Kind von der Tätigkeit gesättigt, kann man den Bettdeckenbezug einfach so hochhalten, dass das Füllmaterial leicht in einen Behälter zur Aufbewahrung geschüttet werden kann. Dafür hält man die beiden kurzen Seiten hoch, sodass sich in der Mitte des

Bettdeckenbezugs eine Falte mit dem Material bildet. Durch das angewinkelte Hochhalten kann man das Material dann wie durch eine Schnabel-Öffnung zurück z. B. in eine Tüte gießen.

Praxis-Tipp:
Jedes Material birgt seine ganz eigene Haptik, erzeugt ein ganz eigenes Geräusch, hat vielleicht seinen eigenen Geruch, und auch die Kombination von Materialien kann noch einmal gänzlich neu die Begeisterung des Kindes für das sensorische Spiel entzünden. Bevor konkrete Sensory-Play-Szenarien vorgestellt werden, folgt eine Auflistung von Materialien, die für das Sensory-Play grundsätzlich geeignet sind. Diese Auflistung darf gerne als Ideen-Fundus immer wieder aufgeblättert und genutzt werden:

- Nahrungsmittel (roh): Hafer, Reis, Linsen in rot, braun und/oder schwarz, Gries, Mais, Nudeln
- Steine: Natursteine (Kieselsteine, größere Steine), Glassteine, Edelsteine
- Baumfrüchte: Kastanien, Eicheln, Haselnüsse, Walnüsse
- Perlen: Plastik-, Holz- oder Bügelperlen
- Murmeln
- Bastelbedarf: Filzkugeln, Pompons, Pfeifenreiniger
- Wasserperlen, Lebensmittelfarbe, Schnee oder Eiswürfel

In den nachfolgenden Unterkapiteln folgen Beispiele für sensorische Spiel- und Wirk-Landschaften, auch, um aus diesen Anregungen heraus ganz eigene Sensory-Play-Angebote zu kreieren. Ganz nach den Ressourcen des Erwachsenen und dem aktuellen Interesse des Kindes.

Achtung: An dieser Stelle und für alle nachfolgenden Ausführungen geltend sei noch einmal ausdrücklich auf die Hinweise im Kapitel „Für das sichere Arbeiten“ am Anfang dieses Buches verwiesen. Die in diesem Kapitel genannten Materialien dürfen nicht in den Mund genommen werden. Es besteht Erstickungsgefahr! Wenn die Sicherheit und Unversehrtheit des Kindes durch den Erwachsenen nicht sichergestellt werden kann, sind andere selbstwirksamen Tätigkeiten (ab Kapitel 5) vorzuziehen.

4.1.1 Einsteiger-Landschaft

Must-Haves zum Wirken:
Materialien zum Entdecken, z. B. roher Reis oder Gries, angeboten auf einem Tablett, in einer Wanne oder einem großen Behälter; Löffel- und Schütt-Werkzeuge, z. B. Löffel, Becher und Schalen

Vorbereitung durch den Erwachsenen:
Zu Beginn empfiehlt es sich, dem Kind neben dem neu zu entdeckenden Material, welches sich auf einem Tablett oder in einer großen Schale befindet, nur wenige Löffel- und Schütt-Werkzeuge zur Verfügung zu stellen und die Auswahl nach und nach zu steigern. So reichen am Anfang ein großer Löffel, eine Kelle sowie zwei bis drei Behälter, in die das Kind das Füllmaterial, z. B. rohen Reis, hineinlöffeln oder auch hineinschütten kann. Hier kann man als Erwachsener zunächst mitspielen und dann besonders spannende Beobachtungen machen: Welches Werkzeug ist beim Kind besonders beliebt?

Was könnte im Rahmen eines Montessori-Tabletts vertieft oder beim gemeinsamen Wirken (z. B. in der Küche oder bei der Pflanzenpflege) aufgegriffen werden?

Durchführung durch das Kind:
Das Kind experimentiert mit dem Material und den Werkzeugen und füllt mit seinen Händen Reis von einer großen Schale in kleinere Schälchen. Hierbei genießt es vor allem das besondere Gefühl der kleinen Körnchen in den Händen und auch das witzige Geräusch, welches beim Niederprasseln in die Schälchen entsteht. Vielleicht entwickelt das Kind auch ganz eigene Ideen und äußert den Wunsch nach anderen Werkzeugen oder Spielzeugen, die es zum Entdecken hinzunehmen mag. Mit zunehmender Erfahrung und zunehmendem Alter kann das Sensory-Play um weitere Materialien und Werkzeuge ergänzt werden.

Impulse zum friedvollen Grenzenwahren:
Ein Kind, das vielleicht erst zwei Jahre alt ist und/oder dem diese Art von „Spiel-Materialien" zum ersten Mal angeboten wird, hat vielleicht die Idee, den Reis genauso wie seinen Ball irgendwohin auf den Boden zu schmeißen. Oder es ist so fasziniert von den kleinen „Kügelchen" und dem großen Verteil-Radius, dass in Kürze der gesamte Wohnzimmerboden mit Reis bedeckt ist. Ein Erwachsener, der bei den ersten Malen diesen Spiel-Verlauf von vornherein einkalkuliert, kann vor dem Angebot abwägen, ob er die Ressourcen dafür hat. Ressourcen, um wie beschrieben einen Decken-Wirk-Radius zu schaffen und Ressourcen, um diesen vor seinem Kind liebevoll-friedvoll zu vertreten, bis es ihn (in naher Zukunft) verinnerlicht hat.

4.1.2 Bauernhof-Landschaft

Eine schöne Möglichkeit, um Szenarien aus Büchern nachzustellen oder Rollenspiele zu spielen, ist eine thematisch arrangierte Sensory-Play-Landschaft, z. B. zum Thema Bauernhof. Durch die ergänzenden Figuren und Fahrzeuge kommen Kinder oft ganz rasch in ihren eigenen Flow und sind ganz vertieft in ihre Tätigkeit und Arbeit. Dabei gibt es kein „richtig" oder „falsch" und es entsteht für das Kind ein vielseitiger Raum zum Ausprobieren.

Must-Haves zum Wirken:
Materialien zum Entdecken, z. B. Bulgur als „geerntetes Getreide" oder auch roher Mais oder Eicheln als „Futter für die Tiere"; Bauernhof-Figuren, wie Kühe, Schweine oder Hühner, und Fahrzeuge, wie Traktoren mit Anhängern, oder auch Silos oder Ställe. Auch Äste können als „Gehege-Begrenzungen" genutzt werden; Löffel- und Schütt-Werkzeuge

Vorbereitung durch den Erwachsenen:
Man breitet einen Bettdeckenbezug auf dem Boden aus und platziert darauf ein Tablett gefüllt mit rohem Bulgur. Dazu werden Löffel- und Schütt-Werkzeuge, Bauernhof-Tiere und -Fahrzeuge sowie, falls vorhanden, Silos, Ställe oder ein Bauernhofhaus bereitgestellt. Nun kann man das Kind zum sensorischen Spiel einladen.

Durchführung durch das Kind:
Das Kind füllt mit den Händen oder mit einem Löffel Bulgur von dem Tablett in einen Traktor-Anhänger und fährt ihn zu

einem Stall mit Kühen. Vielleicht streut es ihn auch als „Körnerfutter“ zu Hühnern oder füllt ihn in Behälter als Vorrat für den Winter. Beim Transport und Umfüllen geht sicherlich etwas Bulgur verloren – vielleicht darf Unterstützung nahen und der Erwachsene kommt mit einer Landwirt-Figur, die eine Schaufel in der Hand hat, herbeigeeilt? Der Fantasie und dem Rollenspiel sind keine Grenzen gesetzt.

Impulse zum friedvollen Grenzenwahren:
Gerade wenn man für das Kind immer mal wieder ein Sensory-Play-Angebot kreiert, bei dem es mit rohen Nahrungsmitteln experimentieren darf, kann es sein, dass das Kind von allein und zu selbst gewählten Zeitpunkten auf ähnliche Ideen kommt. So kann beispielsweise der Zuckertopf am Frühstückstisch das Kind zum sensorischen Spiel animieren, bei dem es den Zucker selbst hin- und herlöffeln und seine aktuelle Lieblingsfigur am Tisch damit füttern mag. Schön ist es, wenn das Kind dieser Tätigkeit dann im definierten Rahmen nachgehen darf und kann, indem man beispielsweise rasch ein Handtuch unter die Gefäße legt. Dieses kleine Handtuch kann dann ebenfalls den Wirk-Radius definieren und der Zucker kann anschließend leicht in das Ursprungsgefäß zurückgegeben werden. Sollte sich im Kopf des Erwachsenen die Stimme melden, dass „man mit Essen nicht spielt“, kann man sie mit dem Hinweis auf die geringe Zucker-Menge besänftigen, die sogar mithilfe des Handtuches wieder verwendet werden kann. Obendrein kann man die Stimme mit den Beobachtungen seines in das Spiel vertieften Kindes vielleicht sogar vom Gegenteil überzeugen und begeistern. Dürfen sich diese spontanen „Äußerungen“ und Tätigkeiten des Kindes entfalten, be-

schenkt der Erwachsene sich selbst mit einem Kindergesicht voller Konzentration, Hingabe und Freude.

4.1.3 Baustellen-Landschaft

Ein weiteres (und bei vielen Kindern sehr beliebtes) Thema kann eine Sensory-Play-Landschaft mit Baustellen-Charakter sein. Aufgrund der vielen unterschiedlichen Fahrzeuge, die viele Kinder im heimischen Kinderzimmer haben, kann stundenlang nach Lust und Laune gebaggert, hin- und her geschüttet und geladen werden.

Must-Haves zum Wirken:
Materialien zum Entdecken, z. B. Reis als Beton, kleine Kieselsteine oder auch schwarze Linsen; Baustellen-Figuren und Fahrzeuge, wie Bagger, Radlader oder Kipplaster; Löffel- und Schütt-Werkzeuge

Vorbereitung durch den Erwachsenen:
Bei diesem Thema platziert man beispielsweise eine große Schale mit kleinen Kieselsteinen und/oder Reis in der Mitte des ausgebreiteten Bettdeckenbezuges sowie Löffel- und Schütt-Werkzeuge und verschiedene Baustellen-Fahrzeuge.

Durchführung durch das Kind:
Damit ein Haus gebaut werden kann, gräbt das Kind vielleicht zunächst eine tiefe Grube in die Reis-Schale und befördert den Reis mit einer Kelle, einem Löffel oder dem Bagger hinaus. Vielleicht erschafft es aber auch sofort ein Fundament und

verteilt und walzt eine große Schicht „Beton“ aus Reis. Gerne dürfen auch hier zum Einstieg das Kind und der Erwachsene selbst in verschiedene Rollen schlüpfen. Die Szenarien, die dem Erwachsenen selbst (kindliche) Freude bereiten, dürfen unbedingt für Schlecht-Regenwetter-Tage innerlich notiert werden. Vielleicht gibt es auf der Baustelle einen („schusseligen“ oder Frechdachs-)Bauerarbeiter, der „versehentlich“ immer wieder durch die frisch planierte Fläche läuft?

Tipp zur Aufbewahrung:
Wird das Material zum Entdecken, z. B. der Reis, die Linsen oder der Mais, nach Spiel-Ende in große Plastiktüten oder Kunststoffdosen gegeben, können diese immer wieder für Sensory-Play- oder Montessori-Angebote genutzt werden. Diese Materialien sind dann meist viele Monate oder gar Jahre haltbar.

4.1.4 Koch-Landschaft

Die Utensilien einer Kinderküche gewinnen durch die Hinzugabe eines sensorischen Materials noch einmal einen völlig neuen Reiz. Ideen hierzu sind nachfolgend als Inspiration aufgeführt und dürfen gerne durch weitere Werkzeuge aus der „echten“ Küche ergänzt werden.

Must-Haves zum Wirken:
Materialien zum Entdecken, z. B. rohe Nudeln; neben Kindergeschirr (aus der Kinderküche) auch Materialien aus der echten

Küche, z. B. ein großer und ein kleiner Kochtopf, ein Kochlöffel aus Holz, eine Kelle und/oder eine Holzzange

Vorbereitung durch den Erwachsenen:
In der Mitte des ausgebreiteten Bettdeckenbezugs lädt der Erwachsene bei diesem Sensory-Play zum ausgiebigen Kochen ein, indem neben einer Schale mit beispielsweise rohen Nudeln auch Töpfe und Koch-Werkzeug platziert werden.

Durchführung durch das Kind:
Je nachdem, was den größten Reiz auf das Kind ausübt, kann es zuerst die Nudeln in der Ursprungsschale kräftig umrühren, „nach dem Kochen" umverteilen, wieder zurückschütten und von neuem mit einem Koch-Werkzeug löffeln oder auch mit einer Holzzange servieren. Ein Erwachsener, der hier gerne von der zubereiteten Mahlzeit probiert (oder diese auch „reklamiert" oder „noch einen Nachschlag haben möchte"), ist mit großer Wahrscheinlichkeit ein gern gesehener Gast bei seinem Kochmeister.

Impulse zum friedvollen Grenzenwahren:
Ein Erwachsener, der sich nach etwas Spiel-Zeit für einen Moment einer eigenen selbstwirksamen Tätigkeit widmen möchte, wie beispielsweise dem Lesen einiger Buchseiten, kann den Weg dahin ebnen, indem er eine anschließend gemeinsame Tätigkeit in Aussicht stellt. Dies könnte man von der Botschaft her so formulieren: „Solange Du noch etwas weiter kochst, ruhe ich mich einen Moment aus. Ich lege mich gleich hier auf das Sofa und lese in meinem Buch. Vielleicht magst Du in der Zwischenzeit auch noch die bunten Perlen zubereiten? Hinterher probiere ich!"

Tiere, und für manches Kind insbesondere die der Unterwasserwelt, üben eine große Faszination aus. Kinder, die an diesen oder auch an Schiffen oder Tauchbooten Interesse zeigen, haben vielleicht besondere Freude an einer Sensory-Play-Welt zum Thema Meer.

Must-Haves zum Wirken:
Materialien zum Entdecken, z. B. (wieder verwendbare) Wasserperlen oder Wasser gefärbt mit blauer Lebensmittelfarbe; Figuren, z. B. verschiedene Fische, oder auch kleine Boote oder Schiffe; Löffel- und Schütt-Werkzeuge

Vorbereitung durch den Erwachsenen:
Bei diesem Angebot kann man gemeinsam mit dem Kind die Wasserperlen oder auch das Wasser vorbereiten. Beide Effekte, das Vergrößern der zunächst kleinen Wasserperlen sowie die Farb-Veränderung des Wassers durch die Lebensmittelfarbe, sind für kleine Kinder spannend zu beobachten. Ist das zu erkundende Material fertig vorbereitet, kann auch der Wirk-Platz (gemeinsam mit dem Kind) vorbereitet werden. Gewiss hat das Kind neben den genannten Figuren seine ganz eigenen Ideen an Must-Haves für sein Wirken.

Durchführung durch das Kind:
Wenn das Kind zum ersten Mal Wasserperlen erkundet, werden höchstwahrscheinlich allein diese mit ihren Farben und ihrer Haptik eine große Begeisterung bei ihm (und dem Erwachsenen?) auslösen. Vielleicht taucht es zunächst nur immer

wieder seine Hände hinein, füllt mit diesen welche in weitere kleinere Schalen, gießt die Perlen zurück und lässt dann Unterwassertiere darin verschwinden, um sie wieder zu finden und herauszufischen. Vielleicht mag man auch einmal selbst nach versteckten Figuren „tauchen“, die das Kind zuvor verschwinden lässt? Die Wasser-Perlen sind auch ein tolles Material für Löffel- und Schüttübungen nach Montessori, die nachfolgend noch näher vorgestellt werden.

Praxis-Tipp:
Im Internet gibt es verschiedene Anbieter für Wasserperlen (die auch als Zierde in Blumenvasen genutzt werden können). Werden die verwendbaren Wasserperlen in einer großen Schale ohne weitere Gegenstände mehrere Tage beiseite gestellt, trocknen sie aus und können zurück in ihre Ursprungsverpackung gegeben werden. Da sich die Perlen mit Wasser voll saugen, werden sie umso größer, je mehr Wasser man ihnen zum Aufsagen zur Verfügung stellt. Aufgrund ihrer Wasser aufsaugenden Eigenschaft sollten sie nicht in das Waschbecken bzw. in die Abflussrohre gelangen.

4.1.6 Eisenbahn-Landschaft

Ist das Thema Eisenbahn bei einem Kind beliebt, kann die nachfolgende Landschaft eine schöne Möglichkeit zum sensorischen Spiel sein. Auch hier können bereits vorhandene Spielzeuge miteinbezogen und zugleich mit wenigen Alltagsgegenständen dem Kind neue sensorische und selbstwirksame Erfahrungen ermöglicht werden. Gerade an Regentagen können die Sensory-Play-Landschaften über den Tag verteilt immer wieder durch die Hinzugabe anderer Werkzeuge zum vertieften Spiel einladen.

Must-Haves zum Wirken:
Materialien zum Entdecken, z. B. schwarze Linsen, die als „Kohle-Stücke" in die Eisenbahn-Waggons gefüllt werden können; Eisenbahn-Figuren, wie Schaffner, Holz-Schienen und Fahrzeuge, oder Lokomotiven mit g; Löffel- und Schütt-Werkzeuge

Vorbereitung durch den Erwachsenen:
Neben einem großen Behälter mit „Kohle-Stücken" in Form von schwarzen rohen Linsen platziert der Erwachsene bei diesem Thema auch Holz-Schienen, Lokomotiven und Waggons auf dem ausgebreiteten Bettdeckenbezug. Zusätzlich legt man Löffel- und Schütt-Werkzeuge für das Kind bereit.

Durchführung durch das Kind:
Vielleicht hat das Kind zunächst Freude daran, die kleinen schwarzen Linsen mit den Händen zu erkunden. Vielleicht mag es auch schon die Kohlestücke mit den Händen in Zug-Waggons füllen oder vielleicht auch ein Löffelwerkzeug zum Verteilen hinzunehmen. Sind die Waggons befüllt, kann die Kohle zum richtigen Ort (und weiteren Behältern) gefahren werden. Anschließend werden die Linsen vielleicht wieder zurück in die Ursprungsschale oder auch in andere Behälter gefüllt. Vielleicht gibt es auch ein Haus, in dem massenweise Kohle „verschwindet" und verbrannt wird, sodass das Kind ununterbrochen neue Kohle nachliefern „muss".

4.1.7 Alaska-Landschaft

Wenn die Polarmeere und beispielsweise deren Tierwelt das Kind gerade besonders begeistern, kann im Winter ein Sensory-Play mit Schnee oder alternativ auch mit Eiswürfeln aus dem Gefrierfach große Begeisterung auslösen.

Must-Haves zum Wirken:
große Schale gefüllt mit Schnee oder auch Eiswürfeln; warmes Wasser; Tee-Ei-Zange, Schütt- und Löffelwerkzeug, (Kinder-) Pipette

Vorbereitung durch den Erwachsenen:
Auf einem Untergrund, der im Zweifel leicht abgetrocknet werden kann, arrangiert der Erwachsene neben Löffel- und Schüttwerkzeugen eine große Schale gefüllt mit Schnee oder Eiswürfeln. Besonders schön ist es, wenn man etwas in Schneebällen versteckt oder in den Eiswürfelbehältern einfriert, das beim Schmelzen zum Vorschein kommt. Denkbar sind beispielsweise „Bodenschätze Alaskas" in Form von kleinen Edel-Steinen oder auch kleine Tier-Figuren, z. B. Fische, Seeotter oder Buckelwale.

Durchführung durch das Kind:
Das Kind saugt die Pipette voll und beträufelt anschließend den Schnee oder die Eiswürfel mit dem warmen Wasser, sodass die Bodenschätze oder Tier-Figuren zum Vorschein kommen. Diese können ebenso wie der Schnee bzw. die Eiswürfel in andere Behälter hin und her geschüttet oder gelöffelt werden.

4.2 Die Übungen des praktischen Lebens

Die Übungen des praktischen Lebens nach Maria Montessori, die sie selbst auch als „Übungen in alltäglichen Verrichtungen" und „Übungen in praktischen Besorgungen" (Montessori 1913: S. 112f.) bezeichnet hat, greifen im Gegensatz zum Sensory Play gezielte Handbewegungen, Erfahrungen und Tätigkeiten auf. Die Montessori-Übungen können das Sensory Play wunderbar ergänzen, wenn der Erwachsene beispielsweise beobachtet, dass das Kind im Löffeln oder Schütten bereits sehr geübt ist und ein besonderes Interesse an einer bestimmten Tätigkeit zeigt. Genauso verhält es sich andersherum: Ein Kind, das bei einer gezielten Übung den rohen Reis nicht von einer in die andere Schale löffelt, sondern den Reis lieber mit seinen Händen erkunden möchte, hat vielleicht größere Freude an einem Sensory-Play-Angebot, bei dem kein bestimmtes Werkzeug und keine bestimmte Handlung geplant wird.

Gut zu wissen ist, was Montessori zu den Übungen des praktischen Lebens motiviert hat. Sie hatte wie in Kapitel 3.1 beschrieben vor allem eines: einen positiven Blick auf das Kind. Montessori nahm das kindliche Wesen als wissbegierig und kompetent wahr und respektierte seinen Wunsch nach Autonomie und Selbstständigkeit in besonderem Maße: mit Tischen und Stühlen passend zur Kindergröße und auch durch Tätigkeiten, die der Selbstständigkeit dienten. Dazu zählen beispielsweise das alleinige Anziehen (im Bereich der Übungen in alltäglichen Verrichtungen) und das Entstauben der Umgebung (im Bereich der Übungen in praktischen Besorgungen),

> […] damit diese [die Kinder Anm. d. Verf.] so angeleitet werden, es schließlich ohne Beihilfe selbst zu besorgen. (dies.: S. 118)

Damit schon die Kleinsten in Montessoris Kinderhaus selbstwirksam und autonom echten Arbeiten und auch den Menschen eigentümlichen Tätigkeiten nachgehen konnten, wie dem Bauen und Anpflanzen, berücksichtigte sie in ihrem Stundenplan auch „Übungen der Fürsorglichkeit" (dies.: S. 113), wie die Blumen- und Tierpflege. Auch Handarbeiten und das „Knöpfen, Schnüren und Binden" (dies.: S. 137) führte sie in ihrem Stundenplan auf. Zu den heute sehr bekannten Übungen nach Montessori zählen gewiss die eingangs erwähnten und so genannten „Schütt- und Gießübungen" (Bläsius 2013: S. 56) sowie die „Löffelübungen" (dies.: S. 63).

Durch diese Tätigkeiten macht das Kind grundlegende Erfahrungen mit seinen Sinnen, erwirbt „erste mathematische Vorläuferkompetenzen" (dies.: S. 23) und motorische Fähigkeiten, die ihm im Alltag Teilhabe, Unabhängigkeit und Selbstwirksamkeit ermöglichen – ohne, dass es das vorher weiß. Die Erfahrungen, die das Kind im Rahmen dieser Übungen des praktischen Lebens macht, ermöglichen ihm, auch tatsächlich Mitmachen zu können – für selbstwirksame Tätigkeiten, jeden Tag.

> Sobald es die Sache beherrscht, will es auch die praktische Anwendung davon machen und wird gar stolz darauf, niemand mehr zu brauchen; so gelangt es zu […] Selbständigkeit […]. (Montessori 1913: S. 138)

In den nachfolgenden Unterkapiteln werden Beispiele für klassische Übungen des praktischen Lebens nach Montessori vorgestellt, die genauso wie das Sensory Play als wunderbare Möglichkeit für die Entwicklung der Selbstwirksamkeit des Kindes angeboten werden können. Die Fähigkeiten, die Kinder bei diesen Übungen nach Montessori erwerben, fließen dann auch in die selbstwirksamen Tätigkeitsbereiche ein, die anschließend detailliert vorgestellt werden, wie beispielsweise die Essenszubereitung (Kapitel 5), die Körperpflege (Kapitel 8) oder auch die Pflanzenpflege (Kapitel 9).

4.2.1 LÖFFEL-ÜBUNGEN

Als Löffel-Materialien bietet sich eine Vielzahl roher Nahrungsmitteln an, aber auch Glassteine und Schätze der Natur sind geeignet. Durch die Wahl des Löffel-Materials und des Löffel-Werkzeugs kann man den Schwierigkeitsgrad der Übung jederzeit variieren und steigern. Schon 2-Jährige können mit einer Kelle Plastikbälle von einer großen Schale in eine andere Schale löffeln. 3-Jährige können dann schon feinkörnigen Zucker mit einem Teelöffel von einer kleinen Schale in eine andere Schale befördern. Auf diese Weise wachsen die Löffel-Übungen mit dem Alter, mit den Entwicklungsbedürfnissen und den motorischen Fähigkeiten des Kindes mit.

Bevor das Kind selbst zu löffeln beginnt, empfiehlt es sich, dass man die Löffel-Übung zunächst selbst wie in Kapitel 3.3 beschrieben wortlos vorführt, indem man das Tablett auf einem Tisch platziert und vor den Augen des betrachtenden Kindes den Inhalt von einer Schale in die nächste löffelt. Dann füllt man den Inhalt zurück in die erste Schale und das Kind darf sich im Umfüllen bzw. Umlöffeln probieren. Es bedarf hierbei keiner Korrektur, wenn das Kind etwas daneben, z. B. auf das Tablett löffelt. Sieht es dies selbst als „Fehler“ an, wird es diesen Fehler von alleine beheben (wollen) und mit fortschreitender Übung automatisch sicherer werden.

Must-Haves zum Wirken:
Materialien zum Löffeln, z. B. Mais, Bulgur, Gries, Zucker, Linsen, Murmeln, Glassteine, (Holz-)Perlen, Kastanien oder Eicheln; Behälter, wie kleine oder große Porzellanschalen, und Löffel-Werkzeuge, wie einen kleinen oder großen Löffel oder eine Kelle

Vorbereitung durch den Erwachsenen:
Für eine klassische Löffel-Übung bereitet der Erwachsene ein Tablett vor, auf dem zwei Gefäße platziert werden, wie beispielsweise zwei Porzellanschalen. Eine der Schalen füllt man mit einem Material, welches das Kind beispielsweise mit einem großen Löffel von der einen in die andere Schale löffeln darf.

Durchführung durch das Kind:
Das Kind hat dem Erwachsenen zugesehen und löffelt nun selbst den Inhalt von einer in die andere Schale. Hat der Inhalt die Schale gewechselt, kann das Kind diesen zurück in die vorherige Schale schütten, und wenn es mag, den Vorgang wiederholen.

Impulse zum friedvollen Grenzenwahren:
Wenn ein Kind bei dieser oder einer anderen Tätigkeit ein völlig anderes Verhalten zeigt, als man es sich im Vorfeld vorgestellt hat, kann dieses Verhalten als wichtige Äußerung hinsichtlich der (tatsächlichen) Interessen und Bedürfnisse des Kindes eingestuft werden. Gleichzeitig darf und sollte der Erwachsene wie in Kapitel 3.5 beschrieben auch seine Grenzen wahren und Bedürfnisse im Blick behalten.

Löffelt das Kind beispielsweise den Zucker nicht, sondern schüttet ihn lieber hin und her, kann dies darauf hindeuten, dass eine Schüttübung mehr dem aktuellen Interesse entspricht. Das Kind schüttet den Zucker auf den Boden und will mit den Händen darin wühlen? Dann könnte ein Sensory-Play mit prallgefüllter Zucker-Schale zum Durchwühlen und z. B. Suchen und Finden von kleinen Dingen geeignet sein. Das Kind schmeißt den Zucker durch den Raum? Dann könnte es damit ein anderes unbefriedigtes Bedürfnis zum Ausdruck bringen (Müdigkeit, Frust aus einer vorherigen Situation, ...) oder einfach Freude am Schmeißen. Auch für letzteres kann durch den Erwachsenen ein geeignetes Angebot geschaffen werden, wie beispielsweise ein Wäschekorb, in den das Kind nach Belieben Stofftiere, Bälle oder Kissen hineinwerfen darf.

4.2.2 Schütt-Übungen

Als Schütt-Materialien eignen sich wie bei den Löffelübungen (rohe) Nahrungsmittel, Materialien aus der Natur oder auch Plastik- oder Holzperlen, wobei Wasser mit seiner Fließ-Eigenschaft gewiss die größte Faszination auf ein kleines Kind ausübt. Durch die Wahl des Schütt-Materials kann man Einfluss auf den Wirk-Radius des Kindes nehmen und durch das Hinzunehmen von beispielsweise weiteren Gefäßen die Übungen variieren. Auf diese Weise wachsen auch diese Übungen des praktischen Lebens mit dem Alter, mit den Entwicklungsbedürfnissen und den motorischen Fähigkeiten des Kindes mit. Bevor das Kind selbst z. B. zu schütten beginnt, empfiehlt es sich auch hier, dass der Erwachsene die Schütt-Übung zunächst wortlos vorführt, indem er das Tablett auf einem Tisch platziert und den Inhalt von einem Gefäß in ein anderes schüttet.

Must-Haves zum Wirken:
Materialien zum hin- und herschütten, wie Wasser (in ursprünglichem Zustand oder auch gefärbt mit Lebensmittelfarbe); ein Trockentuch; oder feste Materialien, z. B. Mais, Gries, Zucker, Linsen, Murmeln, Glassteine, (Holz-)Perlen, Kastanien oder Eicheln; (Gieß-)Behälter, wie ein Krug und ein Glas, alternativ ein Messbecher und/oder verschiedene Gefäße zum Befüllen

Vorbereitung durch den Erwachsenen:
Für eine klassische Schütt-Übung bereitet man ein Tablett vor, auf dem beispielsweise ein Glas-Krug gefüllt mit etwas Wasser

und ein weiteres Gefäß, beispielsweise ein Glas, stehen. Nun führt man dem Kind vor, wie man langsam den Krug anhebt, schräg über das Glas hält und das Wasser vom Krug in das Glas hineingießt. Anschließend stellt man den Krug zurück auf das Tablett und schüttet den Inhalt des Glases zurück. Dann kann der Erwachsene das Kind einladen, sich im Schütten zu versuchen.

Durchführung durch das Kind:
Das Kind hat dem Erwachsenen zugesehen und hebt nun selbst den Krug an, um das Wasser in das Glas zu schütten. Geht etwas Wasser daneben, kann es dieses mit dem bereitliegendem Trockentuch selbst aufwischen. Anschließend füllt es das Wasser zurück in den Krug und versucht sich noch einmal im Befüllen des Glases.

Impulse zum friedvollen Grenzenwahren:
Übt das Wasser auf das Kind eine so große Anziehungskraft aus, dass es dieses mit allen Sinnen erkunden mag, lohnt es sich, die Schüttübung einmal in die Badewanne zu verlegen. Bekommt das Kind hier unzerbrechliche Gefäße, beispielsweise einen Messbecher und einen kleinen Plastikbecher, zur Verfügung gestellt, macht es auch hier erste wertvolle Erfahrungen im Schütten und Eingießen. Um beispielsweise den Tisch trocken zu halten, können außerhalb der Badewanne auch wie beschrieben andere Materialien zum Hin- und Herschütten angeboten werden, z. B. roher Mais.

4.2.3 Sortier- und Steck-Übungen

Zeigen Kinder im alltäglichen Zusammenleben Interesse an bestimmten Küchen-Werkzeugen, z. B. an einer Holzzange oder an einer Tee-Ei-Zange, kann man unabhängig von der Koch-Situation das Erkunden im Rahmen einer Sortier-Übung ermöglichen (vgl. Bläsius 2013: S. 28). In Kombination mit den beispielsweise nach Farben oder Größe zu sortierenden Materialien befriedigt solch eine Übung auch das Bedürfnis des Kindes nach Ordnung und Struktur. Denkbar für eine Sortierübung sind beispielsweise Pfeifenreiniger in unterschiedlichen Farben, die mit der Holzzange sortiert werden. In unterschiedlichen Farben angemalte Steine können vom Kind in vorbereitete Behälter mit entsprechender Aussparung gesteckt werden.

Must-Haves zum Wirken:
Materialien zum Sortieren oder Stecken, z. B. verschieden farbige Steine, Perlen oder Pfeifenreiniger aus dem Bastelbedarf; Behälter und Schalen zum Hineinsortieren oder -stecken; gegebenenfalls große Zangen aus Holz oder Metall, eine Tee-Ei-Zange oder Pinzette als Werkzeug

Vorbereitung durch den Erwachsenen:
Der Erwachsene hält auf einem Tablett mehrere zu Kugeln gedrehte Pfeifen-Reiniger in unterschiedlichen Farben bereit, wobei die Anzahl der jeweiligen Farben übereinstimmt, d. h. vier in Blau, vier in Gelb usw. Diese „Flausche-Bälle“ können von dem Kind mithilfe einer Holzzange nach Farben in Schalen sortiert werden. Nun führt man vor, wie mit der Holzzange Pfeifenreiniger für Pfeifenreiniger nach seiner Farbe in die

Schalen sortiert wird, bis eine Schale z. B. mit gelben Flausche-Bällen gefüllt ist und anschließend eine weitere Schale, z. B. mit blauen. Anschließend füllt man alle Pfeifenreiniger-Bälle wieder zurück in die Ausgangsposition, mischt diese und lädt das Kind zum Einzangen und Sortieren ein.

Durchführung durch das Kind:
Mit der Holzzange greift das Kind einen Flausche-Ball und legt ihn einer Schale ab. Diesen Vorgang wiederholt es, bis alle der Farbe nach in Schalen sortiert sind.

*

Die vorgestellten Übungen des praktischen Lebens nach Montessori, das Löffeln, Schütten und Sortieren, tragen dazu bei, dass das Kind im Alltag selbstständig Aufgaben übernehmen kann, deren motorische Voraussetzungen es während dieser Angebote trainieren konnte.

> Der größte Triumph unserer Erziehungsweise sollte immer der sein: Das selbsttätige Fortschreiten des Kindes zu erzielen. (Montessori 1913: S. 215)

Hat sich ein Kind beispielsweise im Rahmen von Löffelübungen mit einer Kelle im Schöpfen geübt, ist es mit diesem gewonnenen Erfahrungsschatz in der Lage, für die Verteilung des Essens am Familientisch zuständig zu sein. Hat es mit Hingabe im Rahmen eines Montessori-inspirierten Tabletts das Löffeln von Zucker oder Linsen geübt, ist es imstande, auch beim tatsächlichen Kochen oder Backen in der Küche mitzuwirken und beispielsweise Mehl, Salz und andere Zutaten in benötigte Behältnisse zu löffeln. Natürlich kann es diese Aufgaben auch ohne vorherige Angebote wahrnehmen, besonders schön (und manchmal auch entspannter) kann jedoch der von der Kochsituation losgelöste Raum des Ausprobierens sein.

Nach dem Sensory Play und den Übungen des praktischen Lebens nach Montessori widmen wir uns nun den selbstwirksamen Tätigkeiten des Kindes, die ihm im häuslichen Umfeld jeden Tag Raum zur freien Entfaltung und zum Ausleben der eigenen Wirk- und Schaffenskräfte geben.

Die folgende Grafik gibt einen Überblick über die nachfolgenden selbstwirksamen Tätigkeitsbereiche, in die auch einzelne klassische Übungen des praktischen Lebens nach Montessori einfließen.

Die Essenszubereitung sowie erste eigene durch das Kind erstellte Mahlzeiten sind die beiden selbstwirksamen und kraftvollen Tätigkeitsbereiche, die zuerst vorgestellt werden. Daran schließen sich selbstwirksame Tätigkeiten im gesamten Haus, bei der Körperpflege, bei der Tier-, Garten- und Pflanzenpflege und während des künstlerischen Schaffens an. Es kann sein, dass für ein Kind alle nachfolgend vorgeschlagenen Tätigkeiten interessant sind. Es kann jedoch auch sein, dass „nur" ein einziger Tätigkeitsbereich, wie das künstlerische Schaffen, oder „nur" eine einzige (Teil-)Tätigkeit das Kind völlig in sich aufgehen lässt, sodass es diese Tätigkeit endlos wiederholen mag. Beides ist wunderbar! Die vorgestellten Bereiche sollen dem Erwachsenen ein Inspirationsschatz sein, aus welchem er immer wieder neue Anregungen und Impulse schöpfen kann, seinem Kind orientiert am aktuellen Interesse selbstwirksame Tätigkeiten zu ermöglichen.

4.2.2

4.2.3

4.2.1

4.1.2

4.1.7

4.1.1

4.1.5

4.1.4

4.1.3

4.1.6

5. Selbstwirksam bei der Essenszubereitung

Besonders die Essenszubereitung ist eine faszinierende Möglichkeit für das Kind, die eigene Wirksamkeit kennen zu lernen. Wie nebenbei werden feinmotorische Fähigkeiten trainiert sowie erste mathematische Erfahrungen gesammelt, beispielsweise beim Abzählen der Eier oder Wiegen des Mehls für einen Kuchen. Und gerade auch dann, wenn das allabendliche Zubereiten der Familienmahlzeit zu Konflikten führt, beispielsweise, weil das 2- oder 3-jährige Kind seine Mama dann für Aufgaben in der Küche entbehren muss, kann es ebenfalls hilfreich sein, das Kind gemäß seinem Entwicklungsstand und seinen Fähigkeiten in die anfallenden Aufgaben mit einzubeziehen. Das wandelt nicht nur den Unmut von vielen Kindern in Freude um, sie bekommen auch die Wahl, mitzuwirken oder sich einer anderen, eigenen Tätigkeit zu widmen. Zudem können sie mit der Zeit lernen abzuschätzen, wie lange Tätigkeiten dauern. Und nicht zuletzt hat das eigenständige Zubereiten von Obst und Gemüse auch den schönen Nebeneffekt, dass diese häufig von den Zubereitern selbst, den Kindern, direkt probiert werden wollen – frische Nahrungsmittel zum Anfassen machen gesunde Ernährung schmackhaft. Da in der Küche alle Sinne angesprochen werden, werden nicht selten gerade diese Erlebnisse, bei denen gemeinsam etwas zubereitet wird, deshalb auch zu schönen Kindheitserinnerungen.

Wer viel Raum hat, kann seinem Kind auch eine funktionstüchtige kleine Küche bereitstellen, eine Schublade mit zu verwendenden Werkzeugen einrichten oder den Arbeitsplatz (gemeinsam mit dem Kind) auf der Arbeitsplatte täglich neu einrichten: ganz nach Belieben und den vorherrschenden Möglichkeiten. Wenn Eltern und Kind hierbei Freude haben, ist die gemeinsame Essenszubereitung ein großer Gewinn für die Gestaltung des Alltags.

Jedes Küchenwerkzeug birgt bei falscher Anwendung ein Verletzungsrisiko, welches es auf jeden Fall und unter Berücksichtigung auch der Herstellerangaben zu beachten gilt. An dieser Stelle sei daher noch einmal auf das Kapitel „Für das sichere Arbeiten“ am Anfang dieses Buches hingewiesen, dessen Hinweise in der Küche in besonderem Maße gelten, etwa bei der Verwendung von scharfen und spitzen Gegenständen. Das Bewusstsein für Alternativen (z. B. Wellenschneider anstelle Kindermesser) stattet Eltern dabei mit großem Handlungsspielraum aus. Bemerkt man, dass das Kind an der Essenszubereitung interessiert ist, hat man im Idealfall schon ein kleines gedankliches Portfolio bereit, auf welches zurückgegriffen werden kann.

Mögliche selbstwirksame Tätigkeiten, die schon ein Kind früh in der Küche ausführen kann, werden nachfolgend vorgestellt.

Das Brot oder Brötchen selbst mit Butter zu bestreichen, ist eine der ersten Gelegenheiten für ein kleines Kind, sich selbst etwas zu essen zuzubereiten. Wie bei allen Tätigkeiten gilt: Der Weg ist das Ziel! Das Brot muss nicht perfekt bestrichen sein und Übung macht den Meister.

Praxis-Tipp:
Das Edelstahl-Messer eines Kinderbestecks hat im Vergleich zum Brot-Messer für Erwachsene meist eine kürzere, dafür rundere Klinge, mit der Kindern das Aufnehmen und Verstreichen der Butter zu Beginn leichter fällt.

Must-Haves zum Wirken:
ein Brett und ein Buttermesser; eine Scheibe Brot und ein (eigenes) Butter-Tellerchen oder Butter-Paket

Vorbereitung durch den Erwachsenen:
Man hält für das Kind z. B. am Frühstückstisch ein eigenes Brettchen sowie ein eigenes Buttermesser bereit. Langsam führt der Erwachsene nun vor, wie mit dem Messer Butter aus der Schale aufgenommen und auf dem Brot verstrichen wird.

Durchführung durch das Kind:
Anschließend darf sich das Kind im Aufnehmen und Verstreichen der Butter probieren. Idealerweise wird es hierbei nicht unterbrochen oder korrigiert, damit es sich voll auf seine Tätigkeit konzentrieren kann. Ist das Brot mit Butter bedeckt, kann man das Kind einladen, es mit einer weiteren Zutat zu

belegen. Das selbst zubereitete Frühstück schmeckt oft besonders gut. Schön, wenn das Kind am nächsten Morgen wieder alle für sich notwendigen Werkzeuge zur Zubereitung an seinem Platz vorfindet oder diese gemeinsam mit den Eltern im Rahmen des Tischdeckens bereitlegt.

Impulse zum friedvollen Grenzenwahren:
Wer verrührte Butter oder Margarine im Behälter, der für alle Familienmitglieder bereitsteht, unappetitlich findet, kann für das Kind ein kleines Tellerchen mit Butter oder sogar ein eigenes Butter-Paket bereithalten, auf dem der Name des Kindes notiert wird. In diesem Paket kann das Kind dann seine ersten Aufnehm- und Streich-Versuche immer wieder unternehmen.

5.2 Frühstücksmilch oder Wasser eingießen

Eine tolle Möglichkeit für den Transfer klassischer Schüttübungen nach Montessori in den Alltag ist das selbstständige Eingießen von beispielsweise Milch oder Wasser in ein Glas.

Must-Haves zum Wirken:
ein Getränk und ein Glas

Vorbereitung durch den Erwachsenen:
Bei dieser Tätigkeit ist nicht viel vorzubereiten. Das Eingießen einer Flüssigkeit hat das Kind höchstwahrscheinlich schon häufig in seiner nahen Umgebung bei den Eltern beobachtet und abgespeichert. Lediglich ein Getränk und ein Glas mit

möglichster weiter Öffnung werden benötigt, um das Kind zum selbstständigen Eingießen einzuladen.

Durchführung durch das Kind:
Das Kind öffnet die Flasche, hält sie mit beiden Händen fest und gießt etwas Flüssigkeit in das Glas. Ein Gefühl dafür zu bekommen, wie viel Flüssigkeit bei welcher Neigung aus der Flasche oder der Milch-Packung fließt, braucht etwas praktische Übung. Mit jedem Mal gelingt das Eingießen besser und irgendwann gewiss auch so, dass Flüssigkeit ausschließlich in dem Glas landet. Beherrscht das Kind diese Tätigkeit irgendwann einmal vollständig, ist es in der Lage, sich fortan selbst mit etwas zu trinken zu versorgen, egal zu welcher Mahl- oder Uhrzeit. Schön ist es auch, wenn eine Flasche und ein Glas jederzeit für das Kind zugänglich sind, z. B. innerhalb der Küche in greifbarer Höhe. Ein bedeutender Schritt in die Selbstständigkeit!

5.3 Teezeit zubereiten

Gerade im Winter, aber auch zu jeder anderen Jahreszeit, kann es ein wundervolles Ritual sein, sich bei Kerzenschein und leiser Musik gemeinsam mit dem Kind einen Tee zuzubereiten, beispielsweise einen Früchtetee. Als Vorbereitung kann das Kind bei einer klassischen Übung des praktischen Lebens zuvor das Löffeln von getrocknetem Tee von einer Schale in eine zweite üben. Hierfür sind die klassischen Schüttübungen nach Montessori eine schöne Vorbereitung. Zugleich ist dies ein schönes Erlebnis für den Geruchssinn. Auch sollte das Kind schon sicher im Gießen von (heißem) Wasser sein, um Verletzungen auszuschließen. Achtung: Verbrühungsgefahr!

Eine selbstwirksame Tätigkeit für Kinder:
die sicher gießen können

Must-Haves zum Wirken:
zwei Teetassen und ein kleiner Behälter (z. B. Kanne oder Krug) mit heißem Wasser; ein oder zwei Tee-Ei(er) und kleines Tellerchen; losen Tee, z. B. Früchtetee

Vorbereitung durch den Erwachsenen:
Bevor sich das Kind selbst einen Tee zubereitet, hält man eine leere Teetasse, einen kleinen Krug mit heißem Wasser sowie ein Tee-Ei und getrockneten Tee bereit. Mit langsamen Hand-Bewegungen zeigt man zunächst an seinem eigenen Tee-Ei, wie es mit Löffelbewegungen befüllt und wie das Ei danach in die eigene Teetasse gestellt wird, um es zuletzt langsam mit dem Wasser aus dem Krug zu übergießen. Das Kind sollte durch den Erwachsenen unbedingt darauf aufmerksam gemacht werden, dass das Wasser heiß ist.

Durchführung durch das Kind:
Anschließend darf das Kind probieren, sein Tee-Ei mit Tee zu befüllen und dieses im Teeglas dann mit Wasser zu übergießen. Ist die Zieh-Zeit um, kann es das Tee-Ei auf einem zusätzlichen Teller ablegen und nach etwas Abkühlungszeit seinen selbst zubereiteten Tee probieren. Vielleicht darf es nach einigen Malen auch die Zubereitung für die Eltern übernehmen?

Manche Kinder (und auch manche Erwachsene) mögen Orangen, Mandarinen oder auch Clementinen nicht, weil deren weiße Haut beim Schälen schwer zu entfernen ist. Ein schönes Ritual im Herbst kann darin bestehen, z. B. aus Clementinen oder Mandarinen Saft zu pressen. Der Saft schenkt dem Körper nicht nur eine extra Portion Vitamine, sondern ist auch durch den Duft, der bei der Zubereitung verströmt wird, ein wahrer Gute-Laune-Macher. „[Mandarinen-Öl] schwingt heiter und beschwingt, ist antidepressiv, fördert Inspiration und den Optimus […]" (Lubinic 2004: S. 105).

Must-Haves zum Wirken:
zwei Gläser, ein Tee-Sieb; eine Saftpresse und ein Behälter für die Schalen; Mandarinen, Clementinen oder Orangen

Praxis-Tipp:
Clementinen sind aufgrund ihrer dünneren Schale für Kinder leichter zu pressen als Orangen

Vorbereitung durch den Erwachsenen:
Die Zitrusfrüchte werden zunächst abgewaschen und mit einem Kinderschneidemesser halbiert (durch einen selbst oder je nach Interesse und Fähigkeiten durch das Kind). Man hält ein Glas mit einer Saftpresse sowie ein weiteres Glas und ein kleines Sieb bereit. Für die ausgepressten Schalen wird eine braune Papiertüte oder ein kleiner Bio-Abfall-Behälter benötigt. Der Erwachsene führt vor, wie er mit einer Hand das Glas fixiert

und mit der zweiten Hand eine Clementinen-Hälfte über die Presse drückt, sodass Saft aus ihr herausfließt.

Durchführung durch das Kind:
Mit Dreh-Bewegungen seiner Hand drückt das Kind die Clementinen-Hälften auf die Saftpresse, mit seiner zweiten Hand fixiert es das Glas, damit es nicht wegrutscht. Gegebenfalls steht man hier unterstützend zur Seite und hält das Glas fest. Bis der Saft in die Presse und das Glas fließt, braucht es einige Dreh-Bewegungen, die dem Kind mit jedem Mal leichter gelingen. Die leer gepressten Schalen kommen in den Behälter oder die Tüte für den Bio-Müll. Sind alle Clementinenhälften ausgepresst und entsorgt, wird auf ein zweites leeres Glas ein kleines Sieb gelegt. Nun kann der gepresste Saft in dieses Glas geschüttet werden und mithilfe des Siebs kann auch das kleinste Fruchtfleisch entfernt werden. Schüttübungen nach Montessori sind auch für diese Tätigkeit eine schöne Vorbereitung. Abschließend darf das Kind seinen selbst gepressten Saft probieren. Köstlich!

5.5 Erstes Schneiden mit dem Wellenschneider

Zeigen Kinder erstes Interesse daran, Gemüse oder Obst zu schneiden, ist dies eine wunderbare Gelegenheit, das Kind in der Küche täglich mit einzubeziehen. Das erste Schneiden gelingt zu Beginn besonders leicht mit einem so genannten „Wellenschneider“. Ein Wellenschneider ist meist mit einem gut greifbaren Griff ausgestattet, birgt ein geringeres Verletzungsrisiko als ein Messer und ist ideal, um vor allem weiches

Obst klein zu schneiden, beispielsweise Bananen oder Erdbeeren.

Wichtig: Auch wenn das Verletzungsrisiko mit einem Wellenschneider geringer ist als bei einem Kindermesser, bedarf es unter Berücksichtigung der Herstellerangaben einer genauen Abwägung und Einführung durch den Erwachsenen. Für das Kindermesser folgt im nachfolgenden Kapitel eine detaillierte Beschreibung, welche Punkte bei einer solchen Einführung beachtet werden sollten. Diese kann zur Orientierung auch für die Einführung des Wellenschneiders verwendet werden. Das Kleinschneiden ist in jedem Fall eine selbstwirksame Tätigkeit, die vielen Kindern Teilhabe (und Naschen) ermöglicht und deshalb sehr beliebt ist.

Must-Haves zum Wirken:
einen Wellenschneider, ein Schneidebrett sowie ein Behälter; weiches Obst, z. B. eine Banane, Erdbeeren oder Mango-Stücke

Vorbereitung durch den Erwachsenen:
Der Erwachsene lädt das Kind zum Mitschneiden ein, indem bereits ein Schneidebrett, eine Schale, der Wellenschneider sowie beispielsweise eine geschälte Banane bereitgehalten werden. Nun führt man dem Kind vor, was beim Kleinschneiden zu berücksichtigen ist und wie mithilfe des Wellenschneiders die Banane sicher klein geschnitten wird. Anschließend darf sich das Kind in seinen ersten Schneideversuchen üben.

Durchführung durch das Kind:
Das Kind hält den Wellenschneider senkrecht über die Banane und drückt die Klinge so hinein, dass kleine Scheiben entste-

hen. Ist die Banane zerkleinert, kann sie vom Kind direkt so gegessen oder als Zutat z. B. für einen Obstsalat (s. Kapitel 6.1.5) oder ein Bananentörtchen (s. Kapitel 6.2.2) verwendet werden. Das schmeckt und macht stolz!

5.6 Schneiden mit einem Kindermesser

Ist das Kind nach einiger Zeit geübt und sicher im Schneiden mit dem Wellenschneider, kann man ihm neue Schneide-Erfahrungen mit anderen Obst- und auch Gemüsesorten ermöglichen, indem ein geeignetes Kinderschneidemesser zum Schneiden angeboten wird. Auch hier sollten unbedingt die Hersteller-Angaben u. a. zum empfohlenen Alter beachtet werden! Erfahrungsgemäß eignet sich für diese Tätigkeit ein Kinderschneidemesser mit einem Anti-Rutsch-Griff sowie einer gut schneidenden, aber nicht zu scharfen Klinge. Auf dem Markt gibt es hierzu bereits verschiedene Anbieter und Modelle, die im Internet mit dem Suchbegriff „Kinderschneidemesser“ leicht gefunden werden.

Must-Haves zum Wirken:
ein Kinderschneidemesser, ein Schneidebrett sowie ein Behälter; geeignetes Obst oder Gemüse

Praxis-Tipp:
Für das Kinderschneidemesser sind folgende Obst- und Gemüsesorten gut geeignet: Apfel- oder Birnenspalten, Mandarinen- oder Clementinen-Stücke, Kiwi-Scheiben, Paprika-Streifen oder eine Zucchini. Festere Sorten, z. B. Möhren oder

Kartoffeln, sind nur für ältere und sehr geübte Schneider mit einem richtigen Gemüsemesser geeignet (s. Kapitel 5.7). Wenn man für das Mittag- oder Abendessen beispielsweise eine Gemüse-Pfanne mit mehreren vorzubereitenden Gemüsesorten plant oder einen Nachtisch in Form einer Quarkspeise mit Früchten, kann man dem Kind gerne die Wahl lassen, welches Obst oder Gemüse es klein schneiden möchte, und ihm hierfür noch einmal die Herangehensweise vorführen.

Vorbereitung durch den Erwachsenen:
Ist der Arbeitsplatz (gemeinsam) vorbereitet, wird das Kind zu einem „Messer-Führerschein" eingeladen. Hierfür ist es besonders wichtig, dass das Kind ausgeruht und gesättigt ist, um konzentriert arbeiten und dem Gesprochenen sowie dem Gezeigten folgen zu können. Im Rahmen des Messer-Führerscheins weist man das Kind darauf hin, dass es sich bei dem Kinderschneidemesser um ein scharfes Werkzeug handelt, mit dem nicht gespielt werden darf. Auch wird erklärt, welche Bewegungen zum Ziel – dem Zerschneiden von Obst oder Gemüse – führen. Diese Bewegungen können mit „Säge-Bewegungen" bezeichnet und vorgeführt werden. Wildes Hin- und Herbewegen oder auch Hack-Bewegungen dürfen nicht erlaubt sein, um das sichere Arbeiten zu gewährleisten. Hat man sich davon überzeugt, dass das Kind diese wichtigen Hinweise und den richtigen Umgang verinnerlicht hat, kann man es einladen, mit dem Schneiden zu beginnen.

EXTRA:
Am Ende dieses Buches findet sich eine detaillierte „Checkliste" für den Messer-Führerschein mit allen wichtigen zu besprechenden und zu zeigenden Bewegungen, sodass ein

selbstwirksames Arbeiten in vielen Bereichen mit scharfen Werkzeugen sicher möglich ist.

Durchführung durch das Kind:
Entscheidet sich das Kind beim Nachtisch beispielsweise für Apfel-Spalten, so fixiert es mit einer Hand die Apfel-Spalte und „sägt“ mit der anderen Hand mithilfe des Kinderschneidemessers kleine Stückchen ab. Immer mit gutem Abstand zur fixierenden Hand! Entscheidet sich das Kind dagegen für Mandarinen-Stücke, reicht meistens ein Schnitt für die Zubereitung. Bei Kiwi-Scheiben ist häufig gar kein Fixieren des Obststücks nötig und das Kind kann sich ganz auf das Zerschneiden (und vielleicht auch Probieren und Verzehren) konzentrieren.

5.7 Schneiden mit einem Schneidemesser

Ist ein Kind im Schneiden mit dem Wellenschneider und mit dem Kinderschneidemesser sicher und geübt, kann ihm mit fortgeschrittenem Alter beispielsweise auch ein normales kleines Gemüsemesser gereicht werden, welches Erwachsene zum Schneiden verwenden. Zuvor sollte man sich unbedingt versichert haben, dass das Kind umfangreiche Schneide-Erfahrungen gesammelt hat und sicher mit diesem Werkzeug umgehen kann (s. „Messer-Führerschein“, Kapitel 5.6 und Checkliste). Der Vorteil ist auch bei diesem Werkzeug, das sich die Mitmach-Möglichkeiten und der Handlungsspielraum des Kindes bei der Essenszubereitung vergrößern. So ist es fortan in der Lage, festere Nahrungsmittel sicher klein zu schneiden,

z. B. Karotten oder Kartoffeln, die häufig beim Kochen verwendet werden. So beispielsweise auch bei einem Kartoffel-Möhren-Gemüse (s. Kapitel 6.2.10).

Eine selbstwirksame Tätigkeit für Kinder:
die sicher schneiden können und älter sind

Must-Haves zum Wirken:
Behälter für das Gemüse, ein Gemüseschneidemesser und ein Schneidebrett; z. B. geschälte Kartoffeln oder Karotten

Vorbereitung durch den Erwachsenen:
Möchte man seinem Kind zum ersten Mal das Schneiden von Karotten oder Kartoffeln mit einem Gemüsemesser anbieten, ist es auch hier empfehlenswert, diese Tätig zu isolieren, damit sich das Kind voll und ganz auf die Aufgabe mit dem neuen Werkzeug konzentrieren kann. Idealerweise hat man daher bereits im Vorfeld die Karotten oder Kartoffeln von der Schale befreit, sodass man sie dem Kind zusammen mit bereitgestellten Schalen anschließend zum Kleinschneiden auf einem Brettchen anbieten kann. Nachdem man das Kind (nochmals) auf alle wichtigen Umgangsformen hingewiesen hat (s. „Messer-Führerschein", Kapitel 5.6 und Checkliste), darf das Kind beginnen und erstmalig mit einem „richtigen Erwachsenenmesser" mithelfen. Welch ein Entwicklungsschritt!

Durchführung durch das Kind:
Das Kind schneidet zum Beispiel die Karotte mit dem Messer in langsamen Handbewegungen klein, während die zweite Hand das Gemüse sicher und mit ausreichendem Abstand fixiert. Vielleicht wird aus der Karotte auch leckeres Ofenge-

müse. Hierzu kann es das Gemüse auf Backpapier mit Olivenöl beträufeln, mit etwas Salz würzen und im Ofen garen. Als Beilage oder z.B. auch in Kombination mit Kartoffelspalten als Hauptmahlzeit ein gesundes und leckeres Essen aus Kinderhand.

5.8 Essen mit Messer und Gabel

Sobald ein Kind das Essen mit einer Gabel und einem Menümesser beherrscht, ist es in der Lage, alles selbstständig und allein zu verspeisen, was sprichwörtlich „auf seinem Teller landet". In diesem Unterkapitel wird vorgestellt, wie das Kind unabhängig von der Essenstischsituation sowie der Essenszeit seinen ersten Versuchen mit Besteck ganz spielerisch nachgehen kann. Interessant könnte diese selbstwirksame Tätigkeit sein, wenn das Kind bereits einige Zeit sicher schneidet.

Eine selbstwirksame Tätigkeit für Kinder:
die sicher schneiden können

Must-Haves zum Wirken:
ein Menümesser, eine Gabel, ein Plastik-Tablett; bunte Mais-Flips („Play Mais"); zwei Schalen

Vorbereitung durch den Erwachsenen:
Man platziert ein Mais-Flip auf dem Plastik-Tablett und demonstriert dem Kind, die richtige Handhabung des Bestecks (s. „Messer-Führerschein", Kapitel 5.6 und Checkliste). Zunächst wird vorgeführt, wie man mit der Gabel einen Mais-Flip

fixiert und dieses mit der anderen Hand und dem Menümesser in zwei Teile zerschneidet. Die Säge-Bewegungen kann man hier zur Verdeutlichung wieder besonders langsam vollziehen. Die halbierten Mais-Flips werden in eine separate Schale gelegt.

Durchführung durch das Kind:
Anschließend darf sich das Kind einen Mais-Flip aus der ersten Schale greifen und auf das Plastik-Tablett legen. Mit der Gabel in der einen Hand fixiert es den Mais-Flip, mit der anderen Hand vollzieht es mithilfe des Menümessers Säge-Bewegungen, um den Flip zu halbieren und sich dem nächsten zu widmen. Liegt diese selbstwirksame Tätigkeit im Interesse des Kindes, kann es passieren, dass alle verfügbaren Mais-Flips halbiert werden. Die halben Mais-Flips können anschließend beispielsweise für eine Klebe-Übung oder andere Bastelarbeiten aufgehoben werden.

Praxis-Tipp:
Sowohl die ganzen, als auch die halbierten Mais-Flips eignen sich auch sehr gut für eine Fädelübung. Hierbei können der Erwachsene und das Kind die halbierten und/oder ganzen Mais-Flips mit einer Nähnadel auf ein Nähgarn auffädeln, indem sie die Flips in der Mitte durchpieksen. Die bunten Mais-Flips am Faden sind wunderschöne Geburtstags- oder Karnevals-Girlanden für das Fenster.

5.9 ZWIEBELN ZERKLEINERN

Viele Gerichte bekommen durch wenige Zwiebel-Stückchen einen würzig-leckeren Geschmack. Da beim Schneiden der Zwiebel ätherische Öle freigesetzt werden, die in den Augen brennen, ist das direkte Schneiden mit dem Messer für Kinder keine geeignete Tätigkeit. Wenn Kinder dennoch bei der Zubereitung mitwirken möchten, können sie dies mit einem Gemüse-Zerkleinerer.

Must-Haves zum Wirken:
Gemüse-Zerkleinerer; Zwiebeln

Vorbereitung durch den Erwachsenen:
Zunächst wird die Zwiebel geschält und in kleinere Stücke zerteilt, die in den kleinen Gemüse-Zerkleinerer passen. Hier gilt es das richtige Mittelmaß an Stückchen zu finden: Zu wenige Stücke rutschen meist durch die Messer und lassen sich dann nicht zerkleinern. Zu viele und zu große Stücke blockieren die Messer und das Kind kann nicht genug Kraft zum Zerkleinern aufwenden. Aber mit etwas Probieren ist das richtige Mittelmaß schnell gemeinsam gefunden.

Durchführung durch das Kind:
Ist der Gemüse-Zerkleiner mit Zwiebeln befüllt und der Deckel geschlossen, kann das Kind damit beginnen, durch Dreh-Bewegungen die Zwiebeln zu zerkleinern. Das Zerkleinern macht auf diese Weise vielen Kindern große Freude. Aber Vorsicht: Wenn das Kind aus gesunder Neugier alleine den Deckel öffnet, um die zerkleinerten Stücke zu betrachten, kann

ebenfalls Zwiebel-Aroma in die Augen gelangen. Bevor die Zwiebeln z. B. in die Pfanne gegeben werden, mag das Kind vielleicht gezielt und vorsichtig eine Geruchsprobe von seinem zerkleinerten Gemüse nehmen. Eine Erfahrung für die Sinne!

5.10 Knoblauch pressen

Ähnlich wie die Zwiebel ist frischer Knoblauch bei der Essenszubereitung eine beliebte Gewürzpflanze, deren Zehen beispielsweise in Scheiben geschnitten und angebraten werden können. Kinder, die hier Interesse zeigen und mitwirken möchten, können die Knoblauchzehen mithilfe einer Knoblauchpresse zerkleinern. Ein schöner Nebeneffekt ist der, dass durch das Pressen innere Bestandteile der Zehe hervortreten, durch die der Knoblauch im Anschluss einen besonders aromatischen Geschmack an die Speise abgibt.

Must-Haves zum Wirken:
Knoblauchpresse; frischer Knoblauch

Vorbereitung durch den Erwachsenen:
Man trennt eine beliebige Anzahl an Zehen aus der Knoblauch-Knolle, schält und schneidet diese in Stücke. Je kleiner die Stücke sind, desto weniger Kraft muss das Kind beim Pressen aufwenden. Nach dem Zerschneiden füllt man die Stücke in die Presse.

Durchführung durch das Kind:
Die ersten Male presst man gemeinsam mit dem Kind den Knoblauch. Aufgrund der geringen Menge, die benötigt wird, sind vermutlich nicht mehrere Press-Durchgänge notwendig. Hat das Kind nach und nach die Handbewegungen des Knoblauchpressens verinnerlicht, kann es diese Aufgabe mit zunehmender Erfahrung als wiederkehrende Aufgabe bei der Essenszubereitung zukünftig immer übernehmen.

5.11 Erste Erfahrungen mit dem Sparschäler

Es kann sein, dass ein Kind, welches Erwachsene häufig beim Schälen der Kartoffeln mit einem Sparschäler beobachtet, irgendwann auch selbst einmal mit diesem Werkzeug in der Küche tätig sein möchte.

Eine selbstwirksame Tätigkeit für Kinder:
die motorisch dazu in der Lage sind

Must-Haves zum Wirken:
Sparschäler; Schalen und ein Schneidebrett; große Kartoffeln oder eine Gurke

Vorbereitung durch den Erwachsenen:
Wichtig bei diesem Werkzeug ist wie bei einem (Kinder-) Schneidemesser, dass das Kind vor dem ersten Gebrauch eine genaue Einführung im Umgang damit erhält, um Verletzungen zu vermeiden (s. „Messer-Führerschein“, Kapitel 5.6 und Checkliste). Hierzu zählt auch eine genaue Vorführung der

Handbewegungen, damit das Kind diese nachahmen kann, ohne seine Hände oder Finger zu verletzen. Das Kind sollte mit einem Sparschäler immer nur Bewegungen vom eigenen Körper fort tätigen, um die Schale, z. B. einer Gurke oder einer Kartoffel, zu entfernen. Auch eignen sich für diese Tätigkeit vor allem Obst- und Gemüsesorten, die groß genug sind, dass sie das Kind gut und sicher festhalten kann. Kleinere Kartoffeln sind wegen der Abrutschgefahr zu Beginn nicht geeignet. Idealerweise hält man auch hier wieder einen (gemeinsam) vorbereiteten Arbeitsplatz mit einem Schneidebrett bereit, auf dem das Obst oder Gemüse abgelegt werden kann.

Praxis-Tipp:
Geschälte und klein geschnittene Möhren können auch wunderbar eingefroren und zu einem späteren Zeitpunkt beispielsweise ein einfaches Nudel- oder Reis-Gericht bereichern.

Durchführung durch das Kind:
Wenn das Kind die genauen Handbewegungen verinnerlicht hat, kann es sich selbst im Schälen mit dem Sparschäler üben. Sind z. B. die Kartoffeln geschält, kann das Kind bei Interesse und motorischer Fähigkeit zu weiteren Tätigkeiten des Zubereitungsprozesses eingeladen werden, z. B. für die Anfertigung von Ofenkartoffeln. Mögliche Arbeitsschritte sind das Kleinschneiden der Kartoffeln, das Verteilen der Kartoffelstücke auf einem Backblech, das Beträufeln mit Öl und/oder das Würzen der Kartoffelstücke durch das Kind. Auf diese Weise kreiert es ein ganz eigenes Familienessen. Weitere Möglichkeiten und Gerichte werden im nachfolgenden Kapitel ausführlich vorgestellt.

5.7

5.5

5.6

5.10

5.11

5.1

5.2

5.3

5.9

5.4

6. Erste eigene Mahlzeiten

Ein Kind, das erste Obst-Mahlzeiten, Zwischen-Mahlzeiten und Salate für sich selbst und mit fortschreitenden Fähigkeiten sogar ganze Gerichte für die Familie zubereiten kann, erfährt Selbstwirksamkeit in umfangreichem Maße. In diesem Kapitel werden Möglichkeiten für diese ersten eigenen Mahlzeiten vorgestellt.

6.1 Obst-Mahlzeiten

Ob nach dem Frühstück als Vormittagssnack, als Nachtisch oder Nachmittagssnack: Obst-Mahlzeiten sind schon für das 2- oder 3-jährige Kind eine wunderbare Gelegenheit, sich selbst mit ersten kleinen und gesunden Zwischenmahlzeiten zu versorgen. Der Stolz darüber berührt auch so manches Erwachsenenherz und setzt den Antrieb im Kind frei, sich jetzt immer selbst aus dem Obstkorb zu bedienen, wenn sich der Hunger meldet.

6.1.1 Apfel entkernen

Must-Haves zum Wirken:
zwei Äpfel; ein Apfel-Entkerner

Vorbereitung durch den Erwachsenen:
Man hält zwei abgewaschene Äpfel bereit und führt dem Kind vor, wie man mit einer Hand einen Apfel fixiert und mit der anderen drehende Handbewegungen zum Entkernen des Apfels vollzieht, um anschließend das Kerngehäuse herauszuziehen. Anschließend leert man den Apfelentkerner und lädt das Kind ein, einen zweiten Apfel für sich selbst zu entkernen.

Durchführung durch das Kind:
Das Kind hält mit einer Hand den zweiten abgewaschenen Apfel fest und dreht mit der anderen Hand den Entkerner in den Apfel. Anschließend zieht es ihn samt Apfelinnenleben heraus und kann in den verzehrfertigen Apfel beißen.

6.1.2 Banane schälen

Must-Haves zum Wirken:
zwei Bananen

Vorbereitung durch den Erwachsenen:
Es werden zwei Bananen bereitgehalten. In jede Bananenschale schneidet man am Stiel einen kleinen Schlitz, damit diese sich leichter abknicken und entfernen lässt. Mit langsamen Handbewegungen wird vorgeführt, wie man Schalenstück für

Schalenstück von der Banane hinunterzieht, bis unten eine „Schalen-Blume“ zum Festhalten übrig bleibt. Anschließend kann man das Kind zum Schälen einer zweiten Banane einladen.

Durchführung durch das Kind:
Das Kind hält mit einer Hand die Banane fest und entfernt mit der anderen Hand Streifen für Streifen der Bananenschale. Wenn es nur noch die „Schalen-Blume“ in der Hand hält, ist die Banane bereit zum Verzehr und schmeckt bestimmt besonders gut.

6.1.3 Clementine oder Mandarine schälen

Must-Haves zum Wirken:
zwei kleine Schalen; zwei Clementinen oder Mandarinen

Vorbereitung durch den Erwachsenen:
Zunächst stellt man ein Schälchen für die Clementinen- oder Mandarinenschalen bereit sowie zwei Obststücke der gewählten Sorte. Dann zeigt man dem Kind, wie es mithilfe seiner Fingernägel und Fingerspitzen die Schale von der Frucht befreien und diese in das bereitgestellte Schälchen ablegen kann. Auch entfernt man die eventuell enthaltenden Kerne. Die Fruchtstücke des Kindes sollte man sicherheitshalber mit ihm gemeinsam absuchen, um gegebenenfalls Kerne zu entfernen.

Durchführung durch das Kind:
Anschließend kann sich das Kind im Schälen seiner Clementine oder Mandarine probieren. Gerade für das auseinandertren-

nen der einzelnen Fruchtstücke bedarf es Geduld und Ausdauer. Mit der Zeit und liebevoller Begleitung erlangt das Kind das richtige Fingerspitzengefühl. Umso leckerer ist die selbstgeschälte Frucht!

6.1.4 Kiwi zum Auslöffeln halbieren

Eine selbstwirksame Tätigkeit für Kinder:
die sicher schneiden können

Must-Haves zum Wirken:
ein Schneidebrett oder ein Teller; ein (Kinder-)Schneidemesser und ein Löffel; zwei Kiwis

Vorbereitung durch den Erwachsenen:
Auf einem Brettchen oder Teller wird eine reife Kiwi so halbiert, dass das Kind die Handbewegungen des Erwachsenen gut beobachten kann. Rechtshänder platzieren das Kind daher links von sich, Linkshänder rechts. So kann das Kind genau verfolgen, wie man mit einer Hand die Kiwi fixiert und sie mit der zweiten Hand „sägend“ durchschneidet.

Durchführung durch das Kind:
Mit einer Hand hält das Kind die Kiwi mit sicherem Abstand zum Messer fest und mit der anderen Hand halbiert es die Kiwi. Anschließend kann es die Frucht aus der Schale löffeln.

6.1.5 Obstsalat

Eine selbstwirksame Tätigkeit für Kinder:
die sicher schneiden können

Must-Haves zum Wirken:
Obstsalat-Schale, Schneidebrett, Wellenschneider und/oder (Kinder-)Schneidemesser; verschiedene Obstsorten, z. B. Banane, Apfel, Clementine und/oder Kiwi

Achtung: Manche Obstsorten, z. B. ganze Weintrauben, bergen für kleinere Kinder ein Verschluckrisiko! Diese sollten vom Erwachsenen nicht im Ganzen angeboten werden.

Vorbereitung durch den Erwachsenen:
Beherrscht das Kind mehrere Tätigkeiten, wie das Apfelentkernen und das Schälen einer Banane und Clementine, und hat es an verschiedenen nacheinander folgenden Zubereitungsschritten Interesse und Freude, kann man es zur gemeinsamen Zubereitung eines Obstsalats einladen. Zu Beginn kann es hilfreich sein, sich entweder den anfallenden Aufgaben gemeinsam zu widmen oder diese nach und nach aufzuteilen, bis das Kind in der Lage ist, alle Schritte allein zu meistern (insofern es das möchte).

Zuerst legt man das bedarfsweise abgewaschene Obst bereit sowie die benötigten Werkzeuge und Behälter, beispielsweise einen abgewaschenen Apfel zum Entkernen und/oder eine Banane, ein Brettchen und je nach Entwicklungsstand einen Wellenschneider und/oder ein Kindermesser. Anschließend kann man das Kind dazu einladen, z. B. die Banane zu schälen und zu schneiden, während man selbst den Apfel entkernt und zerkleinert – oder andersherum.

Durchführung durch das Kind:
Das Kind wählt eine Tätigkeit aus, z. B. das Schälen der Banane, und probiert sich anschließend darin, sie kleinzuschneiden. Die Größe der Stücke ist Nebensache und muss nicht perfekt sein. Auch kann das Kind ganz frei zwischen den ihm zur Verfügung gestellten Schneide-Werkzeugen wechseln. Anschließend gibt es die Bananenstücke in eine Obstschale und vermengt die gemeinsam zubereiteten Fruchtstücke, beispielsweise Apfelstücke oder auch Kiwi. Wenn es mag, kann es den Obstsalat im Anschluss auf kleinere Schälchen mit einer Kelle aufteilen und servieren. Der Obstsalat schmeckt bestimmt allen doppelt gut!

6.2 Mahlzeiten und Salate

In diesem Teil werden kleine und größere Gerichte sowie Beilagen vorgestellt, deren Bestandteile und Zutaten ein Kind (mit Unterstützung) für die ganze Familie zubereiten kann. Enthalten sind Tätigkeiten rund um Desserts, Snacks, Salate und warme Mahlzeiten. Gerne können diese ganz nach dem Geschmack und den Vorlieben der Familienmitglieder verändert und weiterentwickelt werden. Auch bilden diese selbstwirksamen Tätigkeiten den Ausgangspunkt für viele weitere neue Gerichte, die für ein Kind aufgrund der während dieser selbstwirksamen Tätigkeiten erworbenen motorischen Fähigkeiten möglich werden. Verrückte eigene Ideen und leckere Kreationen machen vielen Kindern gewiss besonders viel Spaß und zaubern vielleicht auch den Eltern mindestens ein freudiges Schmunzeln ins Gesicht.

6.2.1 Waffeln in Herzform

Must-Haves zum Wirken:
Waffeleisen; Kelle, Gabel, Pinsel zum Einfetten; Waffelteig (z. B. für 10 süße Herz-Waffeln: 250 g Mehl, 200 ml Milch, 100 g Zucker, 125 g weiche Butter, 3 Eier, 1 Päckchen Vanillezucker, 1 Teelöffel Backpulver, 1 Prise Salz; Puderzucker zum Bestreuen); Teller für die fertig gebackenen Waffeln

Vorbereitung durch den Erwachsenen:
Je nach Interesse des Kindes stellt man alleine oder gemeinsam mit dem Kind den Waffelteig her, indem alle oben beschriebenen Zutaten für die süßen Herz-Waffeln vermengt werden. Zuerst die Butter mit dem Zucker und Vanillezucker, dann die Eier, das Mehl, das Backpulver und das Salz. Zu guter letzt wird die Milch untergerührt. Ist das Waffeleisen gut erhitzt, führt man dem Kind vor, wie man mithilfe des Pinsels das Eisen zunächst einfettet und dann eine Kelle des Waffelteigs in das Eisen gießt. Besonderes Augenmerk darf hier auf die sprachliche Begleitung, d. h. auf Hinweisen zum heißen Waffeleisen liegen („Ich fette/gieße den Teig in das Eisen, ohne es zu berühren. Vorsicht, das Waffeleisen ist heiß!“).

Durchführung durch das Kind:
Ist die erste Waffel aus dem Waffeleisen gehoben, kann das Kind anschließend probieren, seine eigene Waffel selbst zuzubereiten. Erst taucht es den Pinsel in die Butterschale und fettet das Eisen ein. Danach gießt es den Waffelteig hinein. Hat das Kind zuvor schon einmal mit einer Kelle gearbeitet, beispielsweise beim sensorischen Spiel oder im Rahmen einer Montessori-Übung, wird ihm die Handbewegung des Ausgießens auch hier leichter fallen.

Impulse zum friedvollen Grenzenwahren:
Es kann vorkommen, dass sich ein Kind für eine bestimmte Zeit (täglich) immer wieder wünscht, Waffeln zu backen. Wenn man die Ressourcen und ebenfalls Freude an dieser Tätigkeit hat und sie dem Kind ermöglichen möchte, kann man auch zwischen dieser klassischen Teig-Variante und anderen Rezepten wechseln. Anstelle von Zucker können für eine zuckerfreie Variante beispielsweise auch Joghurt und/oder die Süße von Früchten in Form von Pulvern, Säften oder Mus gewählt werden. Werden dem Waffelteig anstatt Zucker beispielsweise Käse oder Kräuter beigegeben, entsteht eine herzhafte Variante. So können das eigene Bedürfnis nach einer abwechslungsreichen Ernährung und das Bedürfnis des Kindes nach Selbstwirksamkeit leicht(er) vereint werden.

6.2.2 Erdbeer- oder Bananen-Törtchen

Must-Haves zum Wirken:
Porzellan-Teller, ein Schneidebrett und ein Kinderschneidemesser; Obst, wie Erdbeeren, Bananen oder auch Heidelbeeren; Torteletts und evtl. Sprühsahne

Vorbereitung durch den Erwachsenen:
Es werden Erdbeeren, Bananen oder auch anderes Beerenobst bereitgehalten sowie Torteletts und nach Belieben auch etwas Sprühsahne. Kuchenteller in der richtigen Anzahl fungieren bei dieser selbstwirksamen Tätigkeit als Ort des „Wirkens" und Herrichtens.

Durchführung durch das Kind:
Gemeinsam mit dem Erwachsenen oder alleine wäscht das Kind die Erdbeeren ab, entfernt das Grün und schneidet die Frucht in kleine Stückchen. Anschließend legt es ein Tortelett auf einen Porzellanteller, sprüht (mit Hilfe des Erwachsenen) etwas Sahne auf das Tortelett und verteilt darauf circa eine Handvoll Erdbeer-Stückchen. Anschließend setzt es auf die Erdbeeren noch ein kleines Sahnehäubchen und verziert den Teller mit ein paar Erdbeeren. Fertig ist das erste eigene Törtchen! Dann kann der nächste Teller für ein weiteres Familienmitglied bestückt werden.

Praxis-Tipp:
Kindern gelingt das Heraussprühen der Sahne aus der Flasche einfacher, wenn sie nicht mit dem Zeigefinger den Druckknopf betätigen, sondern mit dem Daumen. Dabei hält eine

Hand die Flasche kopfüber, während der Daumen der anderen Hand kraftvoll auf den Sprühkopf drückt.

6.2.3 Käse-Spieße

Must-Haves zum Wirken:
Porzellan-Teller, Schale, ein Schneidebrett und ein Kinderschneidemesser; grüne oder rote kernlose Weintrauben, junger Gouda-Käse am Stück, Obst-Picker für Kinder

Achtung: Auch hier bergen ganze Weintrauben für kleinere Kinder ein Verschluckrisiko! Diese sollten vom Erwachsenen mindestens halbiert angeboten werden.

Vorbereitung durch den Erwachsenen:
Man wäscht alleine oder gemeinsam mit dem Kind die Weintrauben ab und hält diese in einer Schale bereit. Zusätzlich wird der Arbeitsplatz alleine oder gemeinsam mit dem Kind mit einem Schneidebrett und einem Kinderschneidemesser ausgestattet. Je nachdem, wie gut das Kind bereits schneiden kann, bereitet man kleine Blöcke oder Streifen des Gouda-Käses vor, damit sie vom Kind leichter in Würfel geschnitten werden können. Anschließend führt man dem Kind vor, wie man mit einem Kinder-Obst-Picker zunächst eine (halbierte) Weintraube aufpickt und dann einen Würfel Käse, um den Picker zuletzt auf dem Porzellan-Teller zu platzieren.

Durchführung durch das Kind:
Nachdem der Käse in Würfel geschnitten wurde, versucht das Kind mit einem Obst-Picker zunächst eine (halbierte) Weintraube und dann einen Käse-Würfel aufzupicken. Es braucht etwas Übung, genau die Mitte der Köstlichkeiten zu treffen und diese weit genug unten zu platzieren, damit die Spieße nicht umfallen. Auch kann es sein, dass diese schon während der Zubereitung aufgegessen werden. Wenn nicht, sind sie in jedem Fall auch eine tolle Stärkung für Spielplatz- und Picnic-Treffen.

6.2.4 Blatt-Salat

Must-Haves zum Wirken:
Salat-Schalen, ein Glas und ein Löffel; Salat, z. B. Eisbergsalat; Olivenöl und Gewürze

Vorbereitung durch den Erwachsenen:
Der bei dieser Tätigkeit entstehende Blatt-Salat kann beispielsweise in kleinen Glasschalen angerichtet werden, die in der Anzahl der Mitessenden bereitgehalten werden. Zusätzlich stellt man für das Dressing Olivenöl und Gewürze bereit.

Durchführung durch das Kind:
Bevor das Kind die Salatblätter abwäscht, kann es diese auch schon (gegebenenfalls mithilfe des Erwachsenen) vom Salatkopf abzupfen. Eine tolle Übung für die Feinmotorik! Sind die Blätter abgewaschen, kann das Kind sie in kleine Teile zerreißen und in die Salatschalen legen. Das Zerreißen kann auch

schon von ganz kleinen Kindern übernommen werden und macht oft große und lang anhaltende Freude. Sind die Salatschalen mit Blättern gefüllt, kann das Kind für das Dressing etwas Olivenöl in ein Glas geben und mit einer Gewürzmühle etwas Salz hineinmahlen und/oder getrocknete Kräuter hinzustreuen. Das Würzen mit Gewürzmühlen macht Kindern meist großen Spaß und fördert zugleich die Augen-Hand-Hand-Koordination. Anschließend wird das Dressing im Glas gut verrührt und es kann vom Kind über die Salatblätter gelöffelt werden.

6.2.5 Gurkensalat

Must-Haves zum Wirken:
Salat-Schalen, ein Glas und ein Löffel, ein Schneidebrett und ein Kinderschneidemesser, Sparschäler; eine Salatgurke; Olivenöl und Gewürze

Vorbereitung durch den Erwachsenen:
Ganz nach Interesse des Kindes und orientiert an den bereits erworbenen Fähigkeiten, kann man die Gurke bereits mit dem Sparschäler von der Schale befreien oder das Kind mit den geeigneten Werkzeugen (erstmalig) zu dieser Tätigkeit einladen.

Durchführung durch das Kind:
Das Kind wäscht die Gurke ab, schält sie und/oder schneidet sie in circa 1 cm dicke Scheiben. Um ein Gefühl für die richtige Dicke der Scheiben zu entwickeln, braucht das Kind etwas

Übung, die es ganz von allein durch sein Tun erwirbt. Ein Erwachsener, der hier nicht korrigierend eingreift („Die Scheiben sind viel zu dick!"), sondern allenfalls liebevoll-leitend agiert („Wenn Du magst, kannst Du dieses Stück auch noch kleiner schneiden"), beirrt das Kind nicht in seinem Handeln und auf seinem Umsetzungsweg. Sind die Gurkenscheiben in den Schalen verteilt, kann das Kind im Glas ein Dressing aus Olivenöl und Gewürzen anrühren und auf die Gurkenscheiben verteilen. Fertig ist der selbst kreierte (Beilagen-) Salat!

Impulse zum friedvollen Grenzenwahren:
Beginnt das Kind beispielsweise mit dem Sparschäler oder Kindermesser ungezielt auf die Gurke einzuschlagen, darf man es liebevoll und dennoch bestimmt daran hindern und ihm eine Tätigkeit übertragen, die kein Verletzungsrisiko birgt. Vielleicht hilft der Wechsel des Werkzeugs (vom Kindermesser z. B. zum Wellenschneider), vielleicht mag das Kind aber auch mit einem Knabberstück eine Pause einlegen und/oder nur den Salat in Schälchen verteilen. Welches Bedürfnis das Kind auch immer hat und wie es auch selbst wirken möchte, ein liebevoll-aufmerksamer Erwachsener ist hier für das Kind eine große Bereicherung. Alles, was das Kind tut, ist ein Ausdruck seines Inneren, seines Bedürfnisses und seiner Stimmung – welche es aufgrund seines Alters und seiner Erfahrungen noch nicht in Worten fassen und verbalisieren kann. Es sind jedoch Äußerungen, die vom Erwachsenen (negativ oder positiv) interpretiert, übersetzt und beantwortet werden können.

6.2.6 Tomatensalat

Eine selbstwirksame Tätigkeit für Kinder:
mit fortgeschrittenen Schneide-Erfahrungen

Must-Haves zum Wirken:
Salat-Schalen, ein Glas und ein Löffel, ein Schneidebrett und ein (Kinder-)Schneidemesser; Fleisch-Tomaten; Olivenöl und Gewürze

Vorbereitung durch den Erwachsenen:
Das benötigte Werkzeug und die Nahrungsmittel für den Tomatensalat werden bereitgehalten oder gemeinsam mit dem Kind am Arbeitsplatz vorbereitet. Man führt dem Kind zunächst vor, wie mit einer Hand die Tomate fixiert und mit der zweiten Hand und dem Schneidemesser eine Tomate halbiert wird. Dabei setzt man mit der Messerspitze neben dem Strunk an und schneidet die Tomatenhälften anschließend in kleine Stücke. Der Strunk wird durch einen selbst oder gemeinsam mit dem Kind herausgeschnitten, weil er als ungesund gilt.

Durchführung durch das Kind:
Das Kind befreit die Tomaten vom Tomatengrün, wäscht die Tomaten und trocknet sie gründlich ab. So können sie zum Kleinschneiden gut fixiert werden. Aufgrund ihrer rundlichen Form ist das Kleinschneiden von Tomaten grundsätzlich eher für geübte Schneider empfehlenswert. Große Fleisch-Tomaten sind dabei besser geeignet als kleine Kirschtomaten. Hat das Kind die Tomaten klein geschnitten, kann es diese anschließend in den Schalen verteilen, das Olivenöldressing anrühren

und über die Tomaten geben. Ganz nach Belieben kann das Kind nun noch mit Gewürzmühlen oder auch z. B. mit frisch geerntetem Schnittlauch die Tomatenstücke würzen. Zuletzt folgt der Genuss (in der Familie): Das schmeckt, ist gesund und macht richtig stolz!

6.2.7 Selbstbelegte Pizza

Must-Haves zum Wirken:
eine Rolle Pizzateig sowie Tomatensoße, (Streu-)Käse und verschiedene Lebensmittel zum Belegen, z. B. Paprika, Brokkoli, Zwiebeln und/oder Salamischeiben; evtl. Käsereibe

Vorbereitung durch den Erwachsenen:
Eine Rolle Pizzateig wird durch den Erwachsenen (oder durch das Kind) auf einem mit Backpapier ausgelegtem Backblech ausgerollt. Je nachdem, womit die Pizza belegt werden soll, kann man zuvor schon gemeinsam die Zutaten dafür herrichten und beispielsweise Paprika in Streifen oder Brokkoli in Röschen schneiden (und kochen), Zwiebeln klein häckseln oder auch Käse reiben. Gibt es Zutaten, die aus in Flüssigkeit eingelegten Gläsern stammen, ist es empfehlenswert, wenn man diese bereits abgegossen hat, um sie in Schälchen anzubieten, die „zum Verteilen fertig sind".

Durchführung durch das Kind:
Bevor die Wunschzutaten auf dem Pizzateig verteilt werden, kann das Kind bereits dazu eingeladen werden, den Teig auszurollen und die Tomatensoße auf dem Pizzateig zu verteilen.

Dies ist eine schöne Möglichkeit, die Löffelübungen nach Montessori in den Alltag zu integrieren und die erworbenen Fähigkeiten für ein eigenes Kochwerk einzusetzen. Anschließend kann das Kind auf die Tomatensoße die frischen Zutaten, Salami-Scheiben, Champignons und/oder anderes verteilen. Das Garnieren nach Lust und Laune macht Kindern häufig großen Spaß. Zum Abschluss können die kleinen Pizzabäcker den Käse verteilen. Ist die Pizza fertig gebacken, kann das Kind je nach Interesse und Fertigkeiten auch beim Zerteilen und Servieren für die ganze Familie mitmachen.

6.2.8 Blätterteig-Pesto-Schnecken

Must-Haves zum Wirken:
eine Rolle Blätterteig, ein Glas grünes oder rotes Pesto und (Streu-)Käse; evtl. Käsereibe

Vorbereitung durch den Erwachsenen:
Wie bei der selbst zu belegenden Pizza können der Erwachsene und/oder das Kind eine Rolle Blätterteig aus dem Frischeregal auf dem Backblech ausrollen. Zusätzlich zu einem roten oder grünen Glas Pesto kann man Streukäse bereithalten. Je nach Zeit, Lust und Interesse des Kindes kann dieser zuvor auch gemeinsam vorbereitet werden, indem ein Stück Parmesan mit einer Käsereibe zerrieben wird. Vielleicht hat das Kind auch eine zusätzliche Idee, welche Zutat mit in die Schnecken soll? Denkbar wären auch Paprika-Streifen, getrocknete Tomaten oder verschiedenste Gewürze als „i"-Tüpfelchen. Eine

bereitgestellte Auswahl lässt dem kleinen Meisterkoch die Freude der selbstbestimmten Wahl.

Durchführung durch das Kind:
Der Blätterteig wird durch das Kind mit dem Pesto bestrichen. Meist reicht hier ein halbes Glas. Anschließend kann es noch seine selbst ausgewählten Zutaten sowie etwas Käse auf das Pesto streuen und den Blätterteig (mit Unterstützung) zurück zu einer Rolle rollen. Diese Rolle wird dann für etwa zwei Stunden im Kühlschrank aufbewahrt und dann in circa 0,5 cm dünne Scheiben geschnitten. Hat das Kind die Scheiben auf dem Backblech verteilt, können diese 15-20 Minuten im Backofen bei circa 200° Celsius auf der mittleren Schiene fertig gebacken werden. Wenn sie goldbraun sind, können sie serviert werden. Lecker auch als (kalter) Snack für Ausflüge!

6.2.9 Paprika-Nudel-Pfanne

Must-Haves zum Wirken:
Gemüse, z. B. Paprika, Möhren und/oder Knoblauch, gekochte (Vollkorn-)Nudeln, 3 Eier, etwas Fett oder Butter zum Braten

Vorbereitung durch den Erwachsenen:
Auch bei einer Gemüse-Nudel-Pfanne kann ein Kind schon im Vorfeld viele Arbeitsschritte der Essenszubereitung übernehmen, z. B. das Abwaschen, Schälen oder Schneiden des Gemüses oder auch das Knoblauchpressen. Gerne kann man das Kind hier zu allen Tätigkeiten einladen, aber auch nur zu

einer, ganz nach den verfügbaren Ressourcen und nach dem Interesse des Kindes.

Praxis-Tipp:
Dieses Gericht lohnt es sich in einer großen Menge zuzubereiten, so dass auch am nächsten Tag davon gegessen werden kann, z. B. wenn dieser eng getaktet ist und viele Termine anstehen.

Durchführung durch das Kind:
Ist das Gemüse vorbereitet, kann das Kind in einer Pfanne etwas Butter erhitzen und dann das auserwählte (und gegebenenfalls vorgegarte) Gemüse darin anbraten. Anschließend gibt es die Nudeln hinzu. Zuletzt gibt es (gegebenenfalls mit Unterstützung) drei Eier über das Gemüse und die Nudeln und vermengt alles miteinander, bis das Ei durchgebraten ist. Fertig ist ein leckeres Gericht für die ganze Familie.

6.2.10 Kartoffel-Möhren-Gemüse

Must-Haves zum Wirken:
Kartoffeln und ein frisches Bund Möhren (im Verhältnis von 1:1), Gemüsebrühe-Pulver oder -Würfel, etwas Butter; Sparschäler und Gemüsemesser, Schneidebrett und Kartoffelstampfer

Vorbereitung durch den Erwachsenen:
Dieses Gericht braucht nur zwei Grundzutaten und ist ein wahrer Energie-Lieferant. Je nachdem, woran das Kind Inte-

resse und Freude hat bzw. wie weit seine motorischen Fähigkeiten bereits fortgeschritten sind, kann man alleine oder gemeinsam mit dem Kind (wie in Kapitel 5.11) beschrieben die abgewaschenen Möhren und Kartoffeln mit dem Sparschäler von der Schale befreien und das geschälte Gemüse anschließend (wie in Kapitel 5.7 vorgestellt) in kleine Stücke schneiden. Das Gemüse wird dann mit Gemüsebrühe in Wasser gekocht (für die geeignete Menge die Herstellerangaben auf der Gemüsebrühe-Packung beachten). Ist das Gemüse gar, kann das Wasser durch den Erwachsenen abgegossen werden. Nun demonstriert man, mit welchen Handbewegungen das Gemüse mit einem ein Kartoffelstampfer zerkleinert werden kann.

Durchführung durch das Kind:
Das Kind gibt zum garen Gemüse eine gute Messerspitze Butter hinzu und zerstampft dieses anschließend mit dem Kartoffelstampfer. Anschließend kann es sein selbst zubereitetes Gericht auch gerne mit einem Löffel oder einer Kelle auf Tellern servieren. Das Kartoffel-Möhren-Gemüse schmeckt sowohl allein, als auch als Beilage, z. B. zu (vegetarischen) Würstchen, köstlich!

6.1.4

6.1.2

6.1.1

6.2.2

6.1.5

6.2.1

6.2.3

6.2.4

6.2.7

6.2.9

7. Selbstwirksam im gesamten Haus

„Dafür bist Du noch zu klein“, „Das ist noch viel zu schwer für Dich“ oder „Das können nur Erwachsene“ sind Sätze, die höchstwahrscheinlich jeder Erwachsene einmal in seiner eigenen Kindheit gehört hat. Umso bemerkenswerter ist es, wenn man diese Sätze gegenüber seinem eigenen Kind *nicht* wiederholt, sondern auf seine Bitte, mitmachen und mithelfen zu dürfen, innehält und überlegt, ob es vielleicht tatsächlich eine Möglichkeit für sein Mitwirken und seine Mithilfe gibt. Gerade bei der Pflege der Umgebung mit besonderen Werkzeugen oder auch handwerklichen Arbeiten im Haus, wie kleinen Reparaturen oder auch Neugestaltungen, wird man in leuchtende Kinderaugen blicken, wenn ein Mitwirken ermöglicht wird.

Dieses Kapitel soll Anreiz und Inspiration sein, dem kleinen Kind auch bei vermeintlichen Erwachsenen-Tätigkeiten Selbstwirksamkeit zu ermöglichen – und gemeinsam bei diesen außergewöhnlichen Tätigkeiten (Schaffens-)Freude zu erleben.

Schon die Allerkleinsten können Freude daran haben, ihre unmittelbare Umgebung sauber und schön zu halten. Ein jederzeit griffbereites Staubtuch in der Nähe der eigenen Spielküche, ein mit einem Haken befestigter Staubwedel oder ein Akku-Staubsauger ohne Kabel ermöglichen es bereits 2- oder 3-Jährigen diesem Interesse und Bedürfnis selbstständig nachzugehen. In diesem Unterkapitel wird exemplarisch vorgestellt, wie das Staubwischen als pflegerische Tätigkeit der eigenen Umgebung durch den Erwachsenen gezielt eingeführt werden kann.

Must-Haves zum Wirken:
Mikrofasertuch, ein kleiner Eimer mit etwas Wasser, Trockentuch

Vorbereitung durch den Erwachsenen:
Zunächst wird ein Bereich ausgesucht, der gepflegt werden soll, z. B. das Bücherregal des Kindes im Kinderzimmer. Gemeinsam mit dem Kind räumt man nun die Bücher von allen Regalflächen. Vielleicht kommt hierbei eine besonders staubige Stelle zum Vorschein, die man in den Fokus der Aufmerksamkeit rücken kann. Anschließend führt man vor, wie das Mikrofasertuch in den Eimer getaucht und ausgewrungen wird. Anschließend zeigt man, wie man das nasse Mikrofasertuch von links nach rechts über den Regalboden zieht, bis dieses vollständig vom Staub befreit ist.

Durchführung durch das Kind:
Danach darf sich das Kind an einem weiteren Regalboden ausprobieren. Die Handbewegungen des Wringens brauchen etwas Übung, bis sie dem Kind so gelingen, dass das Tuch den richtigen Nässegrad erreicht. Durch das Wiederholen der Tätigkeit gelingen diese Handbewegungen jedoch bald von ganz allein. Vielleicht wird das Kind zukünftig auch von sich aus darauf hinweisen, wenn es in seiner direkten Umgebung Staub erspäht. In jedem Fall aber hat es durch diese scheinbar einfache Tätigkeit schon früh die Möglichkeit zu erfahren, wie es selbst Einfluss auf die Ordnung um sich herum und damit auch auf sein Wohlbefinden Einfluss nehmen kann. Die Ordnung im Außen ermöglicht auch eine Ordnung im Innen. Eine geordnete, klare und strukturierte Umgebung ohne Störfaktoren, wie überfülltes oder verschmutztes Mobiliar, ermöglichen es dem Kind, seine Konzentration auf ein Material/eine Tätigkeit zu lenken und in der Auseinandersetzung damit völlig aufzugehen. Ordnung kann so von klein auf nicht nur als „notwendiges Übel" erlebt, sondern als Wohlfühl-Akt gelebt werden, der durchaus auch positiv sein und Freude bereiten kann.

Impulse zum friedvollen Grenzenwahren:
Bei den ersten Säuberungsversuchen mit Wasser empfiehlt sich ein Zimmer mit Bodenbelag, der wasserunempfindlich ist. Sollte das Kind größere Freude am Planschen und Wasserverspritzen haben als am Säubern, darf der Erwachsene dieses Bedürfnis wahrnehmen, den Zeitpunkt der pflegerischen Tätigkeit verlegen und er kann vielleicht sogar einen Rahmen schaffen, in welchem das Kind diesem Bedürfnis (im Badezimmer, draußen, …) nachkommen kann. Das Loslassen des

eigenen inneren Plans und der eigenen Vorstellung vom Ablauf schenkt auch hier Gelassenheit und öffnet den Raum für das, was dem Kind in diesem Moment tatsächlich Freude bereitet. Vielleicht mag es sogar zuvor in diesem Rahmen seine ersten pflegerischen Tätigkeiten ausüben, indem das Kind in der Badewanne oder im Planschbecken einen Putz-Schwamm oder ein Mikrofasertuch zum Entdecken nach Lust und Laune dazu erhält.

Praxis-Tipp:
Das Thema Ordnung ist ein sehr komplexes Familien-Thema, das vielerorts für kleinere oder gar größere Spannungen sorgt. Sollte der Erwachsene grundsätzlich zum Ziel haben, dass das Kind beim Pflegen der Umgebung mit zunehmendem Alter aktiv mithilft, so schafft er dies vor allem durch eine nicht durch Druck und Stress geprägte Aufräum-Atmosphäre. Druck erzeugt immer Gegendruck; Vorbild, Freude am Ordnunghalten und eine spielerische Herangehensweise führen hingegen eher zum Ziel des gemeinsamen Pflegens der eigenen vier Wände. Und grundsätzlich darf der Erwachsene bedenken, dass das Bedürfnis nach Ordnung in diesem Fall sein Bedürfnis ist – nicht das Bedürfnis seines Kindes.

Das bedeutet keinesfalls, dass das Bedürfnis des Erwachsenen unwichtig wäre oder gar ignoriert werden soll. Es bedeutet vielmehr, dass die Verantwortung dafür, dass sich sowohl der Erwachsene als auch das Kind wohl fühlen, bei dem Erwachsenen liegt – nicht beim Kind. In Anbetracht dessen darf der Erwachsene hier alle ihm möglichen Hebel in Bewegung setzen, das eigene Bedürfnis nach Ordnung zu befriedigen. Das kann beispielsweise bedeuten, dass

- die Anzahl der verfügbaren Spielzeuge (in Abstimmung mit dem Kind, aber konsequent) um die Hälfte reduziert wird, so dass erst gar nicht mehr so viele Dinge potentiell Unordnung schaffen können. Die aussortierten Spielzeuge können dann an einem anderen Ort aufbewahrt oder verkauft/getauscht werden.
- bestimmte Spielzeuge mit Chaos-Potential nur noch an bestimmten Orten/zu bestimmten Zeiten/innerhalb eines definierten Rahmens bespielt werden dürfen. Nämlich dann, wenn der Erwachsene selbst (und das Kind) Ressourcen haben, diese Spielsachen wieder wegzuräumen/einzusammeln/zu säubern.
- man sich sogar dafür entscheidet, manches im Hinblick auf den Aspekt Ordnung gar nicht mehr anzuschaffen oder auch beispielsweise den Besuch von mehreren Kindern nur noch draußen (im Garten, auf dem Spielplatz, …) zu empfangen.

Als Erwachsener sein Bedürfnis nach Ordnung zu befriedigen, kann im Alltag ganz unterschiedlich aussehen. Schlussendlich bedeutet es, selbstverantwortlich zu sein: So können Groll, Unmut und Ärger umgewandelt werden in das konstruktive Denken und Handeln eines liebevoll-leitenden Erwachsenen, der sich selbst und seine Bedürfnisse im Blick hat. So gestaltet er aktiv für sich selbst, anstatt reagierend (auf ungewünschte Verhältnisse im Außen) zu sein. Und egal, ob nach Ruhe, nach Austausch oder Ordnung: die Bedürfnisse des Erwachsenen sind wichtig. Die Bedürfnis-Erfüllung ist zugleich gelebte Prävention *für* den Erhalt von Verbindung.

Ein Kind, das Interesse daran zeigt, mit Pinseln beispielsweise (große) Leinwände zu bemalen, hat vielleicht auch Interesse und Freude daran, einmal „echte Maler-Arbeiten" zu übernehmen. Schon 3-Jährige können beispielsweise dunkle Flecken auf weißen Wänden mit einzelnen Farbklecksen überstreichen, um die Umgebung (wenn vielleicht auch nur übergangsweise) zu verschönern, bis die Wand komplett neu gestrichen wird. Auch kann es eine schöne Möglichkeit zur gelebten Selbstwirksamkeit sein, wenn das Kind einen durch den Erwachsenen definierten Bereich in seinem eigenen Kinderzimmer ganz nach seinen Vorstellungen neu streichen darf: in einer Farbe oder auch kunterbunt. Diese Fläche könnte vom Kind dann immer wieder neu gestaltet und gestrichen werden.

Must-Haves zum Wirken:
Pinsel, gegebenenfalls auch eine kleine Farbrolle, Wandfarbe, Abdeckfolie und Malerkreppband, Maler-Kleidung

Vorbereitung durch den Erwachsenen:
Damit der Boden und alles andere geschützt wird, was einem selbst farbfrei lieb ist, beispielsweise auch Fußleisten oder Lichtschalter, empfiehlt es sich, diese Gegenstände zuvor gründlich abzukleben und abzudecken. Je sorgsamer bei dieser selbstwirksamen Tätigkeit die Vorbereitung des Erwachsenen ist, desto freier kann das Kind mit der Wandfarbe agieren.

Nachdem man die Wandfarbe mit einem Stab gut durchgerührt hat, wird dem Kind demonstriert, wie man mit dem Pinsel zunächst nur die Spitze in die Farbe eintaucht, gegebenenfalls überflüssige Farbe am Rand des Farbeimers abstreift und danach die dunklere bzw. verschmutzte Wandstelle streicht. Das Benutzen einer Farbrolle kann man dem Kind auf ähnliche Weise demonstrieren. So bleibt die Farbe möglichst auf der Rolle und schafft ihren Weg nur bis zur Wand.

Durchführung durch das Kind:
Das Kind zieht seine Maler-Kleidung an und schaut zunächst zu, wie man seinen Pinsel oder seine Farbrolle in die Farbe taucht und die Farbe an der Wand verstreicht. Anschließend taucht es selbst die Spitze seines Pinsels in den Farbeimer und verstreicht die Farbe mit kleinen Hin- und Herbewegungen an der Wand. Ist ein Fleck überstrichen, widmet es sich der nächsten dunklen Stelle, bis die Wand wieder in hellem Weiß erstrahlt.

Impulse zum friedvollen Grenzenwahren:
Ist das Kind Feuer und Flamme für diese neue Tätigkeit und vielleicht traurig oder wütend über deren Abschluss, darf man dies als Kompliment aufnehmen, insofern man mit der angebotenen Tätigkeit sprichwörtlich „den Nagel auf den Kopf getroffen hat". Hat das Kind so große Freude am Streichen, dass es einfach drauf losstreicht, darf man auch hier die liebevoll-friedvolle Führung übernehmen, etwa mit dieser Botschaft: „Wir überstreichen nur die dunklen Stellen". Vielleicht finden sich im Haushalt, auf dem Balkon oder im Garten auch noch große Holz-Elemente, die das Kind an einem anderen Tag mit einer Holzlasur bestreichen kann und darf, wie etwa den eigenen Sandkasten, wodurch dieser gleichzeitig vor der Witterung geschützt wird.

7.3 Mit Hammer, Nägeln und Werkzeugen

Innerhalb eines Hauses bzw. einer Wohnung fallen immer wieder kleine handwerkliche Reparaturen und Tätigkeiten an, bei denen schon kleine Handwerker wichtige Arbeitsschritte übernehmen können. Eine gute Gelegenheit, das erste „echte" Hämmern zu üben und zugleich als gleichwertiges Familienmitglied eingebunden zu werden, besteht darin, das Familienfoto aus dem vergangenen Urlaub oder dem letzten Ausflug aufzuhängen. Auch wenn ein neuer Schrank oder ein neues Regal zusammengebaut wird, können kleine Handwerker beispielsweise Holz-Bolzen fest hämmern oder Schrauben mit dem Schraubendreher festdrehen. Mit offenem Blick und Herzen wird man bei vorhandenen Ressourcen gewiss viele schöne Möglichkeiten für sein interessiertes Kind erkennen, damit dieses bei handwerklichen Tätigkeiten im Haus mitwirken kann. In diesem Unterkapitel wird eine Idee vorgestellt, wie sich Kinder dem erstmaligen Hämmern von Nägeln widmen können.

Achtung: Bei falscher Anwendung droht Verletzungsgefahr!

Must-Haves zum Wirken:
„Spielzeug"-Hammer aus Holz (z. B. von einer kleinen Werkbank) oder (bei fortschreitenden Fähigkeiten) Hammer für Erwachsene, Nägel in einer kleinen Schale und ein Karton

Vorbereitung durch den Erwachsenen:
Da bei Werkzeugen grundsätzlich ein Verletzungsrisiko besteht, ist es wichtig, dass man sich hierbei wie bei einem

Schneidemesser zuvor versichert, dass das Kind sicher mit dem jeweiligen Werkzeug umgehen kann. Zunächst ist also die richtige Handhabung vorzuführen, auf Gefahren hinzuweisen und man muss stets zugegen sein. Neben einem („Spielzeug"-) Hammer hält man fünf Nägel und einen Karton bereit, auf welchen beispielsweise schwarze Punkte oder eine schwarze Linie gemalt ist. Zuerst wird dem Kind vorgeführt, wie man sich einen Nagel aus der kleinen Schale greift, die Nagelspitze auf einem Punkt oder einer Linie ansetzt und den Nagel dann vorsichtig in den Karton hineinschlägt. Hierzu fixiert man den Nagel zunächst mit einer Hand und vollzieht nur leichte Schläge, bis der Nagel etwas im Karton feststeckt. Erst dann hämmert man mit stärkeren, schnell hintereinander folgenden Schlägen den Nagel hinein.

Durchführung durch das Kind:
Das Kind nimmt sich einen Nagel, visiert mit der Nagelspitze einen Punkt an und schlägt den Nagel erst vorsichtig in den Karton. Gerne kann das Festhalten des Nagels zunächst auch von einem selbst übernommen werden. Ist der erste Nagel in den Karton gehämmert, kann das Kind den nächsten Nagel in einen neuen schwarzen Punkt schlagen. Eine tolle Übung für Konzentration, Augen-Hand-Koordination und Feinmotorik, die vielen Kindern lang anhaltende Freude bereitet!

Praxis-Tipp:
Karton hat gegenüber Holz den Vorteil eines geringeren Widerstands, weshalb das Kind den Nagel leichter in ihn hineinhämmern kann.

7.4 Werken

Werken ist eine selbstwirksame Tätigkeit, die viele Kinder aufgrund der spannenden Werkzeuge schon früh in ihren Bann zieht. Und einmal in den Blick genommen, eröffnet das Tätigkeitsfeld des Werkens unzählige Möglichkeiten für ein Kind selbst zu wirken: in Teil-Schritten für kleinere Kinder bis hin zu vollständigen Werken für größere Kinder. Ein Erwachsener, der auch hier mit liebevollem Blick und offenem Herzen begleitet, wird gewiss zu den Interessen des eigenen Kindes passende Angebote ausfindig machen. Exemplarisch wird in diesem Unterkapitel das Anfertigen eines Holzhäuschens vorgestellt, welches anschließend vom Kind als Sammelort für kleine Schätze, wie kleine Fotos, Kunstwerke oder getrocknete Blumen, genutzt werden kann. Diese selbstwirksame Tätigkeit ist auch eine schöne Fortführung der zuvor beschriebenen ersten Hammer-Erfahrungen (Kap. 7.3).

Bitte Vorsicht: Auch hier droht bei falscher Anwendung der Werkzeuge Verletzungsgefahr!

Eine selbstwirksame Tätigkeit für Kinder:
die sicher die jeweiligen Aufgaben übernehmen können

Must-Haves zum Wirken:
ein Stück quadratisches Holz, z. B. Lindenholz; „Spielzeug"-Hammer aus Holz (z. B. von einer kleinen Werkbank) oder (bei fortschreitenden Fähigkeiten) Hammer für Erwachsene, Nägel in einer kleinen Schale; Schleifpapier und Garn

Vorbereitung durch den Erwachsenen:
Der Erwachsene bringt das Stück Lindenholz in die Form eines Häuschens, indem er links und rechts oben jeweils ein kleines Stück in Dreieck-Form wegschnitzt oder absägt. Bei älteren Kindern gerne auch mit ihrer Hilfe. Dem Kind wird vorgeführt, wie man das Stück Holz in einer Hand festhält und mit einem kleinen Stück Schleifpaper in der anderen Hand glatt schmirgelt. Da hierbei Staub und evtl. auch kleine Späne entstehen können, ist Vorsicht geboten. Anschließend zeichnet der Erwachsene mit Bleistift ein Fenster mit Doppelrahmen auf das Haus (sowie z. B. eine Tür). In die Ecken des Fensters werden am Außen- und Innenrahmen für die Nägel schwarze Punkte als Vorlage gemalt.

Durchführung durch das Kind:
Ist das Kind von der Tätigkeit des Schmirgelns gesättigt, kann es (mit der Hilfe des Erwachsenen) an den markierten Punkten Nägel in sein Holz schlagen. Sind die Nägel nicht ganz in der Waage, ist das gar nicht schlimm. Unperfekt-perfekt durch Kinderhände entstanden. Abschließend wird um die Nägel mehrmals übereinander Garn gebunden, so dass die Schätze des Kindes zwischen die Garn-Lagen geschoben werden können. Wer mag, kann das Holzhäuschen naturfarben lassen oder auch noch mit Acrylfarben bemalen. Nun können viele kleine Schätze in ihr neues Zuhause einziehen.

7.5 Der Zauber des Dekorierens

Das gemeinsame Dekorieren, Aufhängen und Platzieren ist nicht nur ein wahrer Feinmotorik-Spielplatz, es steigert auch die Vorfreude z. B. auf bestimmte Feste und gibt dem Kind Raum, seinem Bedürfnis nach Ästhetik nachzugehen. Nicht selten ebnet das gemeinsame Dekorieren auch den Weg zu ganz besonderen Sprachanlässen: „Woher stammen die Krippenfiguren? Wer sollen sie sein? Und warum stellen wir sie jetzt auf? Wie lange ist die Winterzeit und wann kommen die Schneeflocken wieder vom Fenster? Gibt es den Osterhasen wirklich? Was magst Du besonders gern, was darf in Dein Kinderzimmer?“.

Solche Fragen, die bei allen Festen und Jahreszeiten, die in Form von Fenster- und Raum-Dekoration sichtbar werden, ermöglichen es einem Erwachsenen auch immer auf besondere Weise mit seinem Kind in Verbindung zu treten. Hinzuhören, was es schön findet und wofür es sich besonders interessiert. Hineinzuspüren, welcher Mensch das kleine Wesen ist, das vor ihm steht und zu dem es vielleicht schon herangewachsen ist. Auch hier wird wieder einmal deutlich, welchen Schatz gemeinsam und bewusst verbrachte Zeit birgt. Exemplarisch wird in diesem Unterkapitel das Dekorieren eines vorweihnachtlichen Tannenstrauches vorgestellt.

Must-Haves zum Wirken:
Tannenzweige, zwei Vasen, Watte und Weihnachtsschmuck zum Aufhängen

Vorbereitung durch den Erwachsenen:
Zuerst werden Tannenzweige in zwei Vasen arrangiert. Eine für sich bzw. beispielsweise für das Esszimmer und eine Vase für das Kind bzw. für sein Kinderzimmer. Nun führt man vor, wie mit Zeigefinger und Daumen lose Watte aus der Watte-Verpackung gezupft und diese mit beiden Handflächen zu einer kleinen Schneeflocke geformt wird. Anschließend setzt man seine Schneeflocke in einen der Tannenzweige. Durch die Tannennadeln ist keine weitere Befestigung notwendig.

Durchführung durch das Kind:
Anschließend darf sich das Kind im Formen der Schneeflocken probieren. Es zupft mit Zeigefinger und Daumen etwas Watte aus der Verpackung und formt sie zu einem kleinen Ball. Danach setzt es seine Schneeflocke in einen Tannenzweig und formt ganz nach Lust und Belieben weitere Schneeflocken, bis jeder Zweig etwas „eingeschneit“ ist. Im Anschluss darf sich das Kind einen Platz für seinen Tannenstrauch aussuchen. Mit dem Näherrücken des Weihnachtsfestes kann der Tannenzweig in den darauf folgenden Tagen oder auch erst eine Woche später weiter verziert und beispielsweise weiterer Weihnachtsschmuck in die Tannenzweige gehangen werden. Möglich sind neben Figuren und Kugeln auch selbst hergestellte Strohsterne oder Schneeflocken aus Papier.

Praxis-Tipp:
Hat das Kind weiter Freude daran, die Tätigkeit des Schneeflockenformens zu wiederholen, lassen sich mit diesen auch sehr schön die Fenster verzieren. Hierfür die Schneeflocken einfach mit kleinen Tesafilm-Röllchen am Kinderzimmer- oder Wohnzimmerfenster befestigen. Gerne können diese auch weit über

das Weihnachtsfest hinaus die Fenster zieren, um dann zum Frühlingsbeginn „ganz feierlich", z. B. zu Frühlingsmusik, abgenommen zu werden. So erhält die neue Jahreszeit auch auf sichtbare Weise Einzug ins eigene Haus, und zugleich können die sich verändernden Witterungsverhältnisse, bevorstehenden Feste etc. der neuen Jahreszeit während dieses Rituals sprachlichen Raum geschenkt bekommen.

1.5

1.5

1.3

1.3

8. Selbstwirksam bei der Körperpflege

Der Körper des Kindes ist besonders schutzbedürftig und zugleich nimmt die Pflege einen großen Anteil an Ressourcen im Alltag ein. Im Kinderhaus von Maria Montessori waren auch Tätigkeiten der Körperpflege Bestandteil des Stundenplans, vor allem deshalb, weil viele arme Kinder das Kinderheim besuchten, deren („Arbeiter"-)Eltern keine Ressourcen für die körperliche Pflege ihrer Kinder hatten, sodass sich die Kinder unter Anleitung der Erzieherin gegenseitig beim Waschen und Ankleiden halfen (vgl. Montessori 1913: S. 116). Und auch heute braucht die Pflege des kindlichen Körpers Zeit. Zeit, damit sich das kleine Kind an bestimmte Handlungen gewöhnen kann, Zeit, um selbst pflegerische Tätigkeiten auszuprobieren, und schließlich Zeit, um selbst die Pflege des eigenen Körpers übernehmen zu können.

Bei allen Herausforderungen, die in diesem Bereich auftreten können, ist es am wichtigsten, dass ein Kind mit dem Gefühl aufwachsen darf, dass der eigene Körper nur ihm selbst gehört und dass es über seinen Körper selbst bestimmen darf. Medizinische Notfälle und Handlungen, die Erwachsene zum Schutze des Kindes ausführen, sind ausgenommen. Aber das

Waschen des Körpers, der Haare oder das Putzen der Zähne sollten unbedingt in Kooperation mit dem Kind durchgeführt werden und nicht gegen seinen Willen oder unter Zwang geschehen. Vielmehr gilt es hier, das Bedürfnis des Kindes, welches zum Beispiel hinter einer strikten Ablehnung steht, zu erkennen und einen möglichst liebevoll-friedvollen Rahmen für die Verwirklichung zu schaffen.

Denn auch wenn beispielsweise das Putzen der Zähne hohe Priorität hat und die damit einhergehende (Vor-)Sorge des Erwachsenen absolut nachvollziehbar ist, so sollte die sichere Bindung und Beziehung zum Kind dauerhaft noch höher eingestuft werden. Diese, in dem Fall seelische Unversehrtheit, das Vertrauen des Kindes in seine Eltern, wiegt höher. Und ein Kind, welches in diesem sensiblen Bereich Sicherheit und Schutz durch seine Eltern erfährt, bekommt Regeln und Maßstäbe an die Hand, wie mit seinem Körper umgegangen werden soll, die ein ganzes Leben lang gelten:

„Ich bestimme über meinen Körper!"
„Mein Körper gehört mir!"
„Mein ‚Nein' zählt!"

Aus diesem Grund lohnt es sich so sehr, als Erwachsener im Falle des Bedürfnisses nach Selbstwirksamkeit alle erdenklichen Alternativen, Kompromisse und Vorbereitungen zu kennen und einzuleiten, die dem Kind eine selbstbestimmte Körperpflege ermöglichen.

Die nachfolgenden selbstwirksamen Tätigkeiten zur Pflege des Körpers durch das Kind, zielen genau hierauf ab. Dieses Kapitel möchte dazu ermutigen, dem Kind von Anbeginn seines Lebens an in diesem wichtigen selbstwirksamen Bereich Zeit zum Erproben zu schenken, Begegnungen auf Augenhöhe und insbesondere auch Freiraum, nicht nur das „Wann" der

Körperpflege, sondern auch das „Wie“ mitzubestimmen – auch wenn man als Erwachsener das „Was“, beispielsweise das Zähneputzen, bestimmt. Hierzu werden nachfolgend Tätigkeiten der selbstwirksamen Körperpflege mit verschiedenen Möglichkeiten und Alternativen ausführlich vorgestellt. Hierdurch kann in einem grundlegenden Maße Selbstwirksamkeit, aber auch präventives Körperbewusstsein und Freude an der sorgsamen Pflege des eigenen Körpers gelebt werden – im Schutze der eigenen vier Wände.

8.1 Haare kämmen

Gerade am Morgen oder am Abend stehen sehr viele To-dos für die Pflege des Körpers an und allein diese Tatsache begünstigt Stress-Situationen. Auf den Faktor Zeit wird auch in Kapitel 8.3 zum Zähneputzen noch einmal detailliert eingegangen. Entspannung durch Entzerrung hineinzubringen, ist jedoch bei jedem Körperpflege-Akt sehr empfehlenswert, insbesondere dann, wenn aktuell rund um den betreffenden Körperpflege-Akt akute Konflikte entstehen.

Bezogen auf die Haarpflege gibt es folgende Möglichkeiten, diese zu einer selbstwirksamen Tätigkeit zu gestalten, vor allem innerhalb des Zeitpunktes: So können die Haare des (noch) Kita-freien Kindes beispielsweise auch erst am Mittag anstatt direkt am Morgen gekämmt werden – und wenn ein Kind die Haare gar nicht selbst kämmen oder gekämmt erhalten mag, kann es auch hilfreich sein, ein oder zwei Tage mit dieser Tätigkeit zu pausieren, um sie beispielsweise mit dem Baden zu verbinden. Während das Kind mit Wasser(-Spielzeugen) spielt, kann man zunächst mit einem gröberen, dann mit einem feineren Kamm die Haare kämmen. Dadurch lassen sich Knötchen in längeren Haaren leichter entwirren, auch wenn die Haare beispielsweise zwei oder drei Tage nicht gekämmt wurden. Hilfreich ist es bei längeren Haaren immer, die einzelnen Haarsträhnen wie einen Zopf festzuhalten und damit den „Ziep-Schmerz" abzuwenden. Auf diese Weise können zuerst die Spitzen gekämmt werden, sodass der Kamm nicht am gesamten Haar und Kopf „ziept".

Auch einen Perspektivwechsel herbeizuführen, bei dem das Kind dem Erwachsenen die Haare kämmen darf, ist förderlich für das Verständnis auf beiden Seiten. So stellt man vielleicht erst hier (wieder) fest, wie schmerzhaft das „Ziepen" der Haare sein kann, und kann dieses Verständnis auch gegenüber seinem Kind verbalisieren: „Oh, das tut aber ganz schön weh, wenn sich einmal versehentlich eine Haarsträhne im Kamm verheddert und es am Kopf ziept".

Auch jegliche Einbindung von Spiel, Fantasie und aktuell beliebten Rollen, Figuren oder Tieren kann dieses „Körperpflege-Muss" zu etwas Angenehmen verwandeln. Nachfolgend wird dieser Teil der Körperpflege als selbstwirksame Tätigkeit zur Einführung und zum freien Erkunden vorgestellt:

Must-Haves zum Wirken:
zwei verschiedene Werkzeuge zum Kämmen bzw. Bürsten des Haares und ein (Stand-)Spiegel

Vorbereitung durch den Erwachsenen:
Neben zwei verschiedenen Kämmen oder Bürsten wird auf dem Couch- oder Esszimmertisch ein Stand-Spiegel bereitgehalten. Ein Kamm könnte beispielsweise auch ein „besonderer

Zauberkamm“ mit einem Aufkleber auf dem Griff sein oder sogar der Kamm von Papa oder Mama. Nun hat man die Möglichkeit, dieses Arrangement wortlos zu platzieren und dem Kind das eigenständige Erkunden zu ermöglichen oder es ganz konkret zu der Tätigkeit einzuladen, indem man zunächst vorführt, wie man sich selbst die Haare kämmt.

Durchführung durch das Kind:
Das Kind sucht sich einen Kamm oder eine Bürste aus und probiert sich in seinen ersten Kämm-Versuchen. Besonders schön ist es, wenn das Kind darauf folgend immer wieder Zugang zu dem Kämm-Werkzeug hat, um zu einem Zeitpunkt und an einem Ort seiner Wahl ganz frei dieser Körperpflegetätigkeit nachgehen zu können.

8.2 Gesicht säubern

Must-Haves zum Wirken:
mit warmem Wasser gefüllte Glas-Schale, (Lieblings-)Waschlappen, Handtuch und Stand-Spiegel

Vorbereitung durch den Erwachsenen:
Stellt man mitten am Tag auf einer wasserabweisenden Fläche dem zwei- oder drei-jährigen Kind eine Glasschale bereit, die mit warmem Wasser sowie einem (Lieblings-)Waschlappen gefüllt ist, und dazu ein kleines Handtuch zum Abtrocknen und einen Stand-Spiegel, kann es den Körperpflege-Vorgang des Gesichtsäuberns frei erkunden.

Gerne kann man zunächst am eigenen Beispiel vorführen, wie man den Waschlappen in die Wasserschale taucht, auswringt und sich mit Blick in den Stand-Spiegel ganz langsam von oben nach unten selbst das Gesicht reinigt. Die Stirn, die geschlossenen Augen und dann Nase, Wangen und zuletzt den Mund. Vielleicht mag man auch verbalisieren, wie (erfrischt) man sich nun fühlt? Abschließend tupft man sich mit dem kleinen Handtuch das Gesicht trocken und das Kind darf sich im Säubern probieren.

Durchführung durch das Kind:
Das Kind taucht den Waschlappen in die Wasserschale und wringt ihn aus. Diese Handlung bedarf etwas Übung, bis der Waschlappen trocken genug zum Reinigen ist. Dann beginnt das Kind mit Blick in den Stand-Spiegel sein Gesicht zu säubern, um es anschließend abzutrocknen. Vielleicht darf es das auch noch einmal bei einer Figur oder Puppe probieren? So kann das Kind die Erfahrung machen, dass Pflegen Freude bereitet und auch eine Art der liebevollen Zuwendung ist.

8.3 Zähne putzen

Die Angst vor Karies lässt vermutlich viele Eltern im Rahmen der Körperpflege früher oder später an ihre Grenzen stoßen, weshalb dieser Aspekt eine besondere Stellung innerhalb der selbstwirksamen Körperpflege-Tätigkeiten des Kindes einnimmt. Bevor an dieser Stelle Wege, Kompromisse und Lösungen näher vorgestellt werden, die Zahnpflege so zu gestalten, dass die körperlichen und seelischen Grenzen des Kindes gewahrt werden, folgen zwei Impulse für einen Perspektivwechsel, die vielleicht Verständnis, Ent-Spannung und Vertrauen in diesen Bereich der Körperpflege schaffen.

Die erste Perspektive wird aus Sicht des Kindes beschrieben: Der Mund ist ein unheimlich sensibler Bereich. Jeder Erwachsene, der schon einmal eine Zahnbürste mit zu festen Borsten zum Putzen seiner eigenen Zähne verwendet hat, kann sich vielleicht an dieses unangenehme, eventuell sogar schmerzende Gefühl im Mund und am Zahnfleisch erinnern. Nun ist für Kinder dieses „Eindringen" in den eigenen Mund zu Beginn völlig neu. Da das Putzen „im Körper" stattfindet, ist es auch noch einmal anders, als wenn „nur" das Gesicht oder die Hände des Kindes feucht abgewischt werden. Es braucht eine Portion Mut und eine Portion Vertrauen, den Mund gegenüber einem anderen Menschen zu öffnen. Hinzu kommt, dass der Erwachsene vermutlich selbst vor der Herausforderung steht, dass er bis auf sich selbst noch nie einer anderen Person die Zähne geputzt hat. Wie viel Druck ist eigentlich angenehm? Um ein Gespür dafür zu bekommen, wie es sich anfühlt, wenn jemand zu fest mit der Zahnbürste über die Zähne schrubbt, kann man einen Selbst-Test vollziehen und sich einmal die Zähne mit etwas mehr Druck und auch etwas „wilder" bzw. ungenauer als sonst putzen. Ebenso ist es von großem Erkenntniswert, sich einmal vom Kind die eigenen Zähne putzen zu lassen. So kann man ein Gefühl dafür bekommen, wie gewöhnungsbedürftig es ist, den Mund vertrauensvoll gegenüber jemand anderem (als für den Zahnarzt) zu öffnen, und auch dafür, dass schon kleine Bewegungen in die falsche Richtung, z. B. über das Zahnfleisch, unangenehm sein können.

Wenn Kinder das Zähneputzen als unangenehm empfinden oder sogar verweigern, kann es sein, dass der Grund dafür in genau dieser Ungewohnheit liegt oder in vorherigen Zahnputz-Erfahrungen, bei denen man versehentlich vielleicht zu festen Druck auf die Zähne und/oder das nicht nur während des Zähnekriegens sensible Zahnfleisch ausgeübt hat. Es lohnt sich deshalb auch hier immer, hinter das Verhalten des Kindes zu schauen: Warum möchte es nicht (mehr) Zähneputzen? Woran muss sich das Kind vielleicht noch gewöhnen? Wie kann es bei dieser Gewöhnung mitwirken und mitbestimmen (Werkzeuge, Tempo, Uhrzeit, Ort, …)? Könnte bei den vorherigen Zahnputz-Momenten etwas unangenehm/gar schmerzhaft gewesen sein? Je besser man hier liebevoll forscht, nachfragt und auf sein Kind eingeht, desto größer ist die Wahrscheinlichkeit, dass man fernab vom bloßen „Ich will nicht!" dem tatsächlichen Grund des Kindes auf die Spur kommt und Wege hin zum liebevoll-friedvollen Zähneputzen findet. Und manchmal lösen sich dauerhaft belastende Zahnputzsituationen am Abend auf, weil man dem kleinen Kind sein offenes Ohr geschenkt und an kleinen Stellschrauben gedreht hat.

Als zweites wird an dieser Stelle noch ein Impuls zur Perspektive des Erwachsenen gegeben. Die Gefahr, dass ein Kind bei mangelhafter Zahnpflege kranke Zähne und Karies bekommt, ist existent und nicht von der Hand zu weisen. Es ist jedoch wichtig, dass man sich bewusst macht, dass Karies nicht von heute auf morgen entsteht. Das bedeutet, wenn tatsächlich der Widerstand des Kindes gegen das Zähneputzen so groß ist, dass körperliche Grenzüberschreitungen notwendig wären, um zum Ziel zu gelangen, ist es besser, das Zähneputzen zu verschieben oder gar ausfallen zu lassen. Wenn sich der Gefühlssturm gelegt hat, gilt es, wie oben beschrieben auf liebevolle Ursachenforschung zu gehen, um dann friedvolle Wege und Lösungen für die Zahnpflege zu finden. Hiermit ist nicht gemeint, dass das Zähneputzen dauerhaft ausfallen gelassen werden kann, sondern es ist weise zu überlegen, wie riskant das einmalige Ausfallen tatsächlich ist und was das Handeln gegen die körperlichen Grenzen des eigenen Kindes langfristig für Folgen haben kann.

Reagiert man besonders stark darauf, wenn das Kind das Zähneputzen verweigert, lohnt es sich, hier auch hinter das eigene Verhalten zu schauen: War das Zähneputzen vielleicht in der eigenen Kindheit konfliktbehaftet? Welche Karies- oder Zahnbehandlungs-Erfahrungen, vielleicht auch Ängste, schwingen unbewusst mit? Man darf an dieser Stelle auf Ursachenforschung gehen, liebevoll und milde ebenfalls auf sich selbst blicken und sich gegebenenfalls auch Unterstützung suchen, um diesen Aspekt der Körperpflege friedvoll zu gestalten. Ein Erwachsener, der für das Wohl seines Kindes handelt, wie in diesem Fall für die Zahngesundheit und die körperlich-seelische Unversehrtheit, ist mindestens genauso mutig, wie das Kind, das seinen Mund zum Putzen öffnet. Beides darf unbedingt so wahrgenommen und verinnerlicht werden.

Nachfolgend werden verschiedene Möglichkeiten vorgestellt, um das Zähneputzen für das Kind selbstwirksam zu gestalten. Weil gerade bei diesem Körperpflege-Akt herausfordernde Momente zwischen Eltern und Kind auftreten, werden die einzelnen vier Pfeiler des Zähneputzens mit ihren Gestaltungsmöglichkeiten an dieser Stelle genau in den Blick genommen:

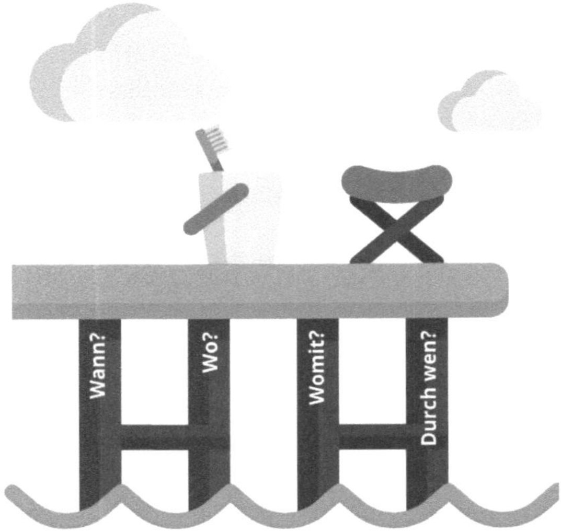

1. Pfeiler: WANN?
   Klassischerweise und von Zahnärzten empfohlen sollen die Zähne nach dem Frühstück und am Abend vor dem Schlafengehen geputzt werden und manchmal wird zusätzlich auch zum Zähneputzen nach dem Mittagessen geraten. So lange das Kleinkind nicht in den Kindergarten geht, hat man einen zeitlichen Gestaltungsspielraum fernab von eigenen Gewohnheiten, den man an das Kind weitergeben und nutzen kann, um sich selbst Ent-Spannung rund um dieses To-do zu schenken. So kann das erste Zähneputzen ritualisiert direkt nach dem Frühstück stattfinden. Sollte es jedoch zu Konflikten kommen, kann man den Zeitpunkt durch das Kind weitgehend mitbestimmen lassen. Was vielleicht am Ende eine Zeitverschiebung von 15 Minuten ausmacht, weil vielleicht erst gelesen/gespielt und dann geputzt wird, kann

zu einer Entzerrung des stressbehafteten Zähneputzens beitragen. Hier als Erwachsener nicht auf einen fixen Zeitpunkt zu beharren, ist also empfehlenswert und kann auch dazu beitragen, dass das Zähneputzen bis zum Kindergarteneintritt nicht mehr so ein großes Thema wie in der „Gewöhnungsphase" ist und dann an den allermeisten Tagen mit Leichtigkeit gelingt. Diesen Pfeiler aktiv und individuell zu gestalten, klingt leicht, es bedarf jedoch der bewussten Entscheidung dafür, den eigenen Plan für den weiteren Verlauf des Tages für einen kurzen Moment loszulassen, sich von seinen anderen To-dos nicht unter Druck setzen zu lassen – und damit Raum für den liebevoll-friedvollen Weg zu schaffen.

2. Pfeiler: WO?
Genau wie der Zeitpunkt darf auch der klassische Ort des Zähneputzens, das Badezimmer, gegen „leichtere" Orte ausgetauscht werden. Jeder Zahnputz-Ort, der genau diese Leichtigkeit beim Zähneputzen befördert, darf bei wiederkehrenden starken Konflikten ausgewählt werden. Denkbar sind beispielsweise auch „verrückte" Orte, die dem Zähneputzen ein ganz neues Setting verleihen, z. B. einmal im Keller zwischen Papas altem Spielzeug oder liegend auf dem Küchenboden – vielleicht hat das Kind selbst auch eine ganz eigene Idee, wenn es aktiv gefragt wird.

3. Pfeiler: WOMIT?
Ein Kind, das zwischen zwei Zahnbürsten und vielleicht auch zwischen zwei Zahnpasten wählen darf, die für sein Alter geeignet sind, hat schon eine Wahl, die ihm das notwendige Gefühl von Mitbestimmung geben kann. Dürfen

Kinder sich die Zahnputz-Werkzeuge im Drogeriemarkt selbst aussuchen, kann auch dies das Zähneputzen attraktiver gestalten. Elektrische Zahnbürsten sind meistens erst ab drei Jahren geeignet, sind aber auch für viele Kinder besonders anziehend. Bei diesem Pfeiler darf gerne auch Fantasie mit einfließen: Vielleicht ist die Zahnbürste ja auch gar keine Zahnbürste, sondern genau das, was das Kind gerade spannend findet? Eine Straßenkehrmaschine oder ein Polizeiauto, welches über die Zähne saust und alles wegfegt bzw. verjagt, was nicht auf die Zähne gehört? Auch (selbst erfundene) Lieder und Reime können das Zähneputzen für das Kind angenehmer gestalten.

4. Pfeiler: DURCH WEN?
Manchen Kindern hilft es auch, wenn sie selbst die Zahnbürste mitführen dürfen oder bestimmen dürfen, ob Mama oder Papa heute den Putzauftrag erfüllt. Gerne dürfen beim Zähneputzen auch alle Figuren, die dem Kind Freude bereiten, Kuscheltiere oder eine neue, genau für diesen Zweck angeschaffte Handpuppe zur Unterstützung eilen. Diese können die Bürste mit festhalten, während Mama putzt oder auch assistieren, indem sie ihr sagen, welcher Zahn noch besondere Pflege braucht. Den Zahnputz-Fantasien sind keine Grenzen gesetzt. Und wenn die Herausforderung für einen zu groß wird, ist es im Zweifel immer besser, vorerst fünf Minuten Abstand von der Zahnputz-Situation zu nehmen, um anschließend gemeinsam mit dem Kind neu zu überlegen. So mancher Erwachsener wird dann vielleicht sogar von einem Kind überrascht, das in der Zwischenzeit selbst einen guten Einfall für eine Zahnputz-Assistenz hatte.

Die *bewusste und kreative* Gestaltung dieser vier Pfeiler – wann, wo, womit und durch wen – ermöglicht ein ganz individuelles Zahnputz-Ritual, dass der Erwachsene gemeinsam mit dem Kind etablieren kann. Und auch dürfen dessen Bestandteile bei auftretenden Schwierigkeiten auch immer wieder neu gestaltet und in den Blick genommen werden. Die besten Begleiter gerade bei diesem Aspekt der selbstwirksamen Körperpflege sind immer Zeit, Geduld und noch mal Zeit. Nachfolgend wird das Zähneputzen als selbstwirksame Tätigkeit vorgestellt, bei dem genau diese vier Pfeiler losgelöst vom „Muss" durch das Kind selbst bestimmt werden können.

Must-Haves zum Wirken:
eine Kinderzahnbürste und eine Erwachsenenzahnbürste, ein Glas gefüllt mit Wasser und ein Standspiegel, gegebenenfalls ein kleines Handtuch

Vorbereitung durch den Erwachsenen:
Damit sich das Kind zu einem selbst gewählten Zeitpunkt und an einem selbst gewählten Ort mit der (neuen) Zahnbürste vertraut machen kann, werden mitten am Tag auf den Couch- oder Esszimmertisch ein Standspiegel, die Zahnbürsten sowie ein Glas mit Leitungswasser bereitgestellt. Aufgrund des Verschluckrisikos darf das Kind nicht unbeaufsichtigt mit den Zahnbürsten „spielen" (s. Warnhinweise auf der Verpackung). Weckt das Zahnputz-Arrangement das Interesse des Kindes, kann man dem Kind vorführen, wie man mit seiner Erwachsenenzahnbürste in das Glas mit Wasser taucht, mit langsamen Handbewegungen seine Zähne putzt und dabei den Standspiegel als Hilfe nutzt.

Durchführung durch das Kind:
Hat man seine Zahnbürste beiseite gelegt und den Standspiegel dem Kind zugedreht, kann es nun selbst seine Kinderzahnbürste greifen – sofern es dies nicht ohnehin schon getan hat. Jetzt kann sich das Kind in einem sicheren und in einem von Leichtigkeit geprägten Rahmen im Putzen seiner Zähne versuchen. Die Koordination braucht Übung und anders als beim „normalen Putzen" braucht man zu diesem Zeitpunkt nicht „nachzuputzen", es sei denn, das Kind bittet um Unterstützung. Dieses losgelöste Anbieten vom „Muss"-Zeitpunkt dient hauptsächlich dazu, sich vertraut zu machen, selbst zu probieren und Sicherheit zu gewinnen. Häufig wird das Zähneputzen dadurch vom Kind von vornherein mit (mehr) Leichtigkeit verbunden und/oder zuvor bestehende Konflikte werden milder bzw. lösen sich sogar ganz auf. Auch deshalb, weil der Erwachsene selbst nicht unter Zeitdruck steht und z. B. am Abend durch das verzögerte Zähneputzen seinen „Feierabend" in weitere Ferne rücken sieht.

Praxis-Tipp:
Bevor der erste Zahnarzt-Besuch des Kindes für eine Kontrolle ansteht, kann man auch diesen Weg bewusst, leicht und spielerisch bis in die Praxisräume hinein ebnen. Möglich ist dies, indem sie man beschreibt und sich beispielsweise auch im Internet anschaut, wie die Räumlichkeiten der Zahnarztpraxis aussehen, wer das Kind untersucht, wie diese (Routine-) Untersuchung vermutlich abläuft und welche Teil-Schritte das Kind erwarten:

> „Zuerst gehen wir an die Rezeption, dort geben wir diese Karte ab. Vielleicht magst Du das sogar machen? Anschließend gehen wir in ein Wartezimmer, dort … Dann dürfen wir in den Behandlungsraum, wo

es einen großen Stuhl gibt, den man sogar zurückkippen kann. Hier kannst Du Dir aussuchen, ob Du alleine sitzen möchtest oder auf meinem Schoß. Damit die Zahnärztin alles gut sehen kann, hat sie eine große Lampe und …“.

Auch Rollenspiele, bei denen das Lieblingskuscheltier genau diese Teil-Schritte kindgerecht durchläuft, können hilfreich sein. Vielleicht möchte das Kind auch schon einmal testweise Mama oder Papa untersuchen und dabei einen selbst gebastelten Mundspiegel zum Einsatz bringen. Beschreibt man dann noch, wie es nach dem Zahnarztbesuch weitergeht (z. B. noch in den Supermarkt zum Einkaufen, in den Garten, …), hat das Kind auch noch eine Aussicht auf den weiteren Verlauf des Tages. Wichtig ist, dass diese Informationen das Kind nicht überfordern oder (noch mehr) ängstigen. Werden sie durch den Erwachsenen kindgerecht, feinfühlig und vielleicht auch nur portionsweise vermittelt, können sie eine gute Vorbereitung auf den (ersten) Zahnarztbesuch sein – so können Unwissenheit und Angst Platz machen für Sicherheit und Orientierung.

8.4 Eincremen des Körpers

Gerade dann, wenn das Eincremen von Körperstellen nicht notwendig ist, ist es schön, wenn sich das Kind ohne Dringlichkeit im selbstständigen Eincremen probieren darf. So kann es bereits Erfahrungen sammeln, bevor die Pflege der Haut durch (medizinische) Cremes oder auch Sonnencreme tatsächlich notwendig ist. Hierbei kann es sich auch daran gewöhnen, dass sich Cremes oft kalt auf der Haut anfühlen, glitschig und/oder nass sind, dadurch aber auch erfrischend schön anfühlen können. Wenn ein Kind ein spontanes Interesse am Eincremen zeigt, kann man dieses Interesse wie nachfolgend beschrieben aufgreifen.

Must-Haves zum Wirken:
eine Creme für Kinderhaut

Vorbereitung durch den Erwachsenen:
Bereitgehalten wird eine Creme zur Pflege von Kinderhaut. Nun fragt man das Kind, ob es zuerst seinen eigenen Arm oder den Arm des Erwachsenen eincremen möchte. Anschließend führt man ihm vor, wie etwas Creme aus einer Creme-Dose oder aus einer Tube auf die eigene Zeigefingerkuppe oder auf die Fingerkuppe des Kindes gegeben wird. Anschließend verteilt man die Creme je nach Wunsch des Kindes in kreisenden Bewegungen auf seinem oder dem eigenen Arm.

Durchführung durch das Kind:
Anschließend kann sich das Kind im Aufnehmen der Creme üben und diese beispielsweise auf der eigenen Haut verteilen. Ist das cremige neue Gefühl zunächst unangenehm, kann man die Creme mithilfe eines feuchten Waschlappens wieder entfernen. Vielleicht mag das Kind das Eincremen dann noch einmal wiederholen oder auch einmal eine abwaschbare Plastik-Figur eincremen.

Impulse zum friedvollen Grenzenwahren:
Wenn sich im eigenen Kopf die Stimme meldet, dass dies Creme-Verschwendung sei, darf man sie liebevoll wahrnehmen

und ihr vergewissern, dass das Eincremen nur einen ganz kurzen Moment im Leben des Kindes interessant ist und diese Erfahrungen losgelöst vom „Das-muss-jetzt-aber-sein“ unendlich wertvoll für den „Ernstfall“ sind. Wird tatsächlich zu viel Creme verbraucht, darf und kann man die liebevolle Führung beispielsweise mit der nachfolgenden Botschaft übernehmen: „Ich sehe, das Eincremen macht Dir Spaß. Du würdest am Liebsten noch viel mehr eincremen oder? Weißt Du was, morgen wiederholen wir das Ritual noch einmal. Jetzt gehen wir uns kräftig abwaschen und einschäumen!“

8.5 Hände waschen und einseifen

Viele Kinder haben zu einer bestimmten Zeit im Kleinkindalter Freude daran, dem Phänomen Wasserhahn auf die Spur zu gehen, indem sie den Hahn am Waschbecken des Badezimmers immer wieder auf- und zudrehen. Auch kann es sein, dass das wiederholte Einschäumen der Hände mit Seife eine besondere Faszination ausübt. Ein Erwachsener, der hier Raum zum Entdecken und Nachgehen eines natürlichen kindlichen Interesses schafft, ermöglicht dem Kind einerseits Selbstwirksamkeit und andererseits positive Erfahrungen mit diesem notwendigen Körperpflegeritual.

Must-Haves zum Wirken:
Zugang zu fließendem Wasser (evtl. durch Bereitstellung eines rutschfesten Hockers), Seife und ein Handtuch

Vorbereitung durch den Erwachsenen:
Da sich dieses Interesse des Kindes häufig ganz eindeutig zeigt, muss man für diese selbstwirksame Tätigkeit neben einem Hocker „nur“ die wertvollen Ressourcen Zeit, Raum und Geduld bereitstellen.

Durchführung durch das Kind:
Das Kind darf zu einem selbst gewähltem Zeitpunkt den Wasserhahn des Waschbeckens auf- und zudrehen, seine Hände unter das fließende Wasser halten und/oder seine Hände mit Seife einschäumen. Als Erwachsener muss man insbesondere bei Mischbatterien stets darauf achten, dass die Temperatur des Wassers nicht zu heiß eingestellt wird, um Verbrühungen vorzubeugen.

Impulse zum friedvollen Grenzenwahren:
Sollte das Kind während dieser Tätigkeiten die Grenzen des Erwachsenen überschreiten, indem das Wasser beispielsweise im Raum verteilt wird oder Wasser-Verschwendung im übertriebenen Maße vollzogen wird, darf man auch hier die liebevolle Führung übernehmen. Das Bewusstsein, dass diese Faszination nur für eine kurze Zeit im Leben des Kindes anhält, kann zusätzlich innerlich und äußerlich für Ent-Spannung sorgen. Sollte das Kind das Bedürfnis haben, mit Wasser ganze Fontänen im Badezimmer zu verteilen, könnte der Erwachsene ihm mit folgender Botschaft begegnen: „Du hast große Freude daran, Wasser-Fontänen zu schießen. Mir ist wichtig, dass der Badezimmerboden trocken bleibt. Gehen wir auf den Balkon/nach draußen/… und schießen mit Deiner Wasserpistole Fontänen!“

Da es sich bei einer Nagelschere um ein potentiell verletzendes Werkzeug handelt, bedarf es hier auch einer entsprechenden Hinleitung durch den Erwachsenen, wenn das Kind selbst mit dem Umgang vertraut gemacht wird.

Praxis-Tipp:
Inzwischen gibt es auch eine große Auswahl an Nagelpflege-Sets speziell für Babys und Kleinkinder, die weniger scharf bzw. spitz sind.

Idealerweise nimmt man beim Nägelschneiden innerlich eine möglichst gelassene Haltung ein. Man forciert kein bestimmtes Ziel, etwa dass alle 10 Zehennägel des Kindes gleichzeitig geschnitten werden (müssen). Gerade wenn das Kind dies nicht mag, empfiehlt es sich, in kleinen Etappen zu denken, um das Kind an diesen Teil der Körperpflege zu gewöhnen, die es als unangenehm kitzelig empfinden könnte. So kann an aufeinander folgenden Tagen jeweils nur ein Zehennagel gekürzt werden. Mag das Kind die Nagelschere gar nicht, kann man auch zum Nagelknipser wechseln. Hier kann z. B. ein drei-jähriges Kind Selbstwirksamkeit durch die Wahl des Werkzeugs erfahren und dadurch, dass es bei entsprechenden feinmotorischen Fähigkeiten den Nagelknipser mit betätigen und hinunterdrücken kann. Eine Möglichkeit für die liebevoll-friedvolle Gewöhnung an das Schneiden der Nägel wird nachfolgend vorgestellt.

Eine selbstwirksame Tätigkeit für Kinder:
die sicher schneiden können

Must-Haves zum Wirken:
Nagelschere oder Nagelknipser, gegebenenfalls ein Blatt Papier

Vorbereitung durch den Erwachsenen:
Auf dem Couch- oder Esstisch wird eine Nagelschere platziert und das Kind wird zum genauen Betrachten eingeladen. Dann demonstriert man, wie die Schere funktioniert, welche Bestandteile sie hat und man lässt sie das Kind einmal selbst und unabhängig vom Schneiden der Kindernägel erkunden.

Durchführung durch das Kind:
Das Kind betrachtet die Nagelschere von allen Seiten, nimmt sie in die Hand und öffnet und schließt sie. Anschließend äußert es möglicherweise den Wunsch, mit dieser Schere einmal Papier zu schneiden, was man ihm im geschützten Rahmen und unabhängig von der Körperpflege ermöglicht. Wie ein Nagelknipser funktioniert, kann der Erwachsene an einem eigenen Nagel demonstrieren, gemeinsam an einem langen Nagel des Kindes und/oder an einem sehr dünnen Ast, den das Kind auf diese Weise kürzen darf.

8.7 Anziehen und Schleifen binden

Kinder, die Interesse daran zeigen, sich selbst anzuziehen und beispielsweise den Knopf der Hose oder den Reißverschluss ihrer Jacke selbst zu schließen, können diese Tätigkeiten isoliert und losgelöst von einer konkreten Anziehsituation an so genannten „Anziehrahmen“ trainieren, die käuflich erworben werden können und die es auch schon im Kinderhaus von Montessori gab (vgl. Montessori 1913: Abb. S. 7). Auch kann dies ermöglicht werden, indem das Kind einer Puppe oder einem großen Teddybär die zu klein gewordene Baby- oder Kinder-Kleidung aus dem eigenen Fundus an- und auszieht. In jedem Fall trägt das alleinige Anziehen zur Selbstständigkeit des Kindes bei.

Must-Haves zum Wirken:
Anziehrahmen oder alternativ Puppen/Kuscheltiere sowie zu klein gewordene Baby- oder Kinderkleidung; zum Knoten Küchenpapierrollenhalter sowie dickeres Garn

Vorbereitung durch den Erwachsenen:
Zeigt das Kind Interesse daran, sich selbst beispielsweise die Schuhe zuzuknoten und zuzubinden, kann man hierfür einen Küchenpapierrollenhalter sowie dickeres Garn bereithalten. Man demonstriert dem Kind, wie ein Stück Garn um die Stange des Halters gebunden und vor der Stange verknotet wird.

Durchführung durch das Kind:
Um selbst mit einem Stück Garn einen Knoten zu binden, führt das Kind dieses hinter die Stange, überkreuzt die Enden des Garns und fädelt einen Knoten. Als Steigerung kann dieses Hilfsmittel auch zum Üben von Doppelknoten oder Schleifen genutzt werden. Durch das Gewicht des Küchenpapierrollenhalters hat dieses Hilfsmittel einen guten Stand und wackelt bzw. verrutscht nicht, wenn das Kind mit ihm arbeitet. Ist das Schleifenbinden geübt, kann das Kind diese Fähigkeit bei den

eigenen Schuhen umsetzen. So verfügt es über eine weitere selbstwirksame Fähigkeit, die auch bei anderen Aufgaben des Alltags, beispielsweise dem Verpacken von (Geschenk-) Paketen, zum Einsatz kommen kann.

8.8 Verarzten

Wenn ein Kind Interesse am Medizin-Schränkchen bzw. daran zeigt, Pflaster auf die Haut zu kleben und/oder beispielsweise auch Mullbinden um einen Arm zu wickeln, ist dies eine tolle Möglichkeit, das Verarzten auf ganz spielerische Weise zu entdecken. Wenn dann einmal wirklich für eine Schürfwunde ein Pflaster oder Verband notwendig wird, kennt das Kind schon den Ablauf und die Materialien, die es zum Verarzten gibt, hat sich mit diesen bereits vertraut machen können und somit vielleicht eine niedrigere Barriere gegenüber der Behandlung, als ein Kind, dem diese Materialien völlig fremd sind.

Must-Haves zum Wirken:
Pflaster, Mullbinden, anderes Verbandszeug, z. B. Rollenpflaster

Vorbereitung durch den Erwachsenen:
Wurden Pflaster sowie Verbandszeug bereitgelegt, kann man vorführen, wie die Schutzfolie zunächst einseitig vom Pflaster gelöst wird, um sich dieses aufzukleben. Erst danach wird die zweite Seite von der Folie befreit und auf der Haut befestigt.

Durchführung durch das Kind:
Anschließend darf das Kind probieren, ein Pflaster von den Folien zu lösen und dieses auf die eigene Haut oder vielleicht auf die Haut des Erwachsenen zu kleben. Auch hier bedarf es etwas Übung, bis das Aufkleben ohne umgeklappte „Eselsohren“ an den Pflastern gelingt. Toll ist es, wenn das Kind das Verarzten immer wieder üben darf, auch wenn der Pflaster-Verschleiß im Haushalt für kurze Zeit erhöht ist. Wenn das Öffnen und Aufkleben dann klappt, ist die kindliche Begeisterung riesengroß und das Kind allzeit bereit, auch beispielsweise andere Kinder und Freunde mit einem Pflaster zu verarzten.

8.1

8.3

8.2

8.6

8.7

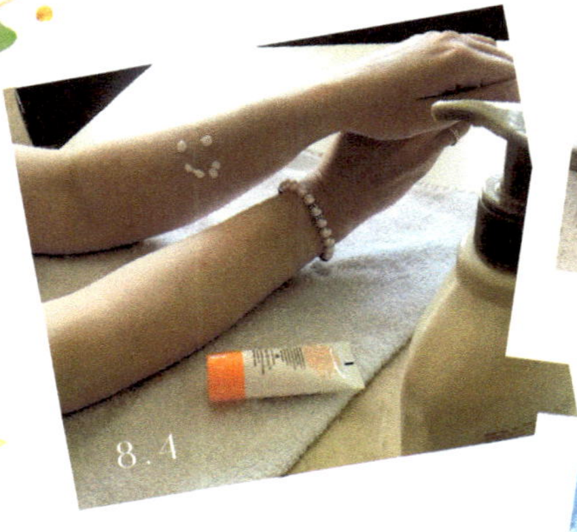
8.4

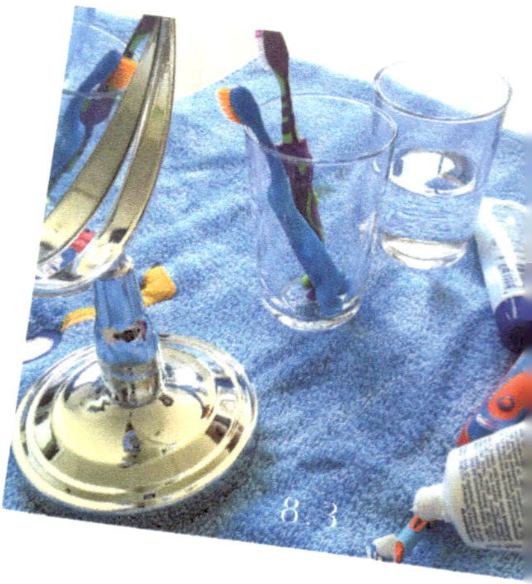
8.3

8.8

9. Selbstwirksam bei der Tier-, Garten- und Pflanzen-Pflege

Dass nicht nur Menschen schützenswerte Lebewesen sind, sondern auch Tiere und Pflanzen, kann ein Kind schon auf wunderbar anschauliche Weise in seinen allerersten Lebensjahren erfahren. Tätigkeiten der Blumen- und Tierpflege waren auch fester Bestandteil in Maria Montessoris Kinderhäusern. Mit der Pflege einher geht ein erstes Gefühl für die Verantwortung, die jeder Mensch für die Gestaltung seiner Umwelt und damit für die Gestaltung seines eigenen Lebensraumes trägt.

> Wenn es sieht, dass das Leben der angesäten Pflanzen abhängt vom sorgfältigen Gießen, das der Tiere vom fleißigen Füttern, da sonst die Pflanzen verdorren, die Tiere Hunger leiden würden, dann wird das Kind vorsorglich wie jemand, in dem das Bewusstsein der Verantwortlichkeit sich regt. (Maria Montessori 1913: S. 147)

Pflanzen schenken uns Menschen Sauerstoff zum Atmen, Früchte als Nahrung und mit ihren schönen Formen und Farben Freude für die Seele. Wenn ein Kind dieses Wachstum einerseits beobachten und andererseits auch noch durch seine Pflege befördern darf, erfährt es Selbstwirksamkeit im elementaren, ihn selbst erhaltenen Sinne – denn: Jeder Mensch und vor allem auch jedes Kind braucht die Natur. Diese ist Teil seines natürlichen Lebensraumes.

In diesem Kapitel werden schwerpunktmäßig Möglichkeiten vorgestellt, um Erfahrungen mit der Tier- und Pflanzenpflege sowie natürlichem Wachstum zu machen.

9.1 Gefiederte Freunde versorgen

Ob im heimischen Garten, auf dem Balkon, dem Fensterbrett oder im Stadtpark: Unsere heimischen Vogelarten, beispielsweise die Amseln, Meisen, Rotkehlchen und Spatzen, freuen sich über liebevolle und verpflegende Kinderhände. Gerade im Winter kann es zu einem schönen Ritual mit (Klein-)Kindern werden, die gefiederten Freunde mit selbst gemachtem oder gekauftem Körnerfutter zu versorgen. So mancher wird dabei vielleicht voller Freude feststellen, dass es „Stammgäste“ gibt. Während des Versorgens dieser (oder auch anderer Tiere) erfährt das Kind Selbstwirksamkeit durch Fürsorge – das Kind kann ähnlich wie bei der Pflanzenpflege erahnen, welch hohe Bedeutung sein Wirken für andere Lebewesen hat.

Must-Haves zum Wirken:
gekauftes oder selbst hergestelltes Vogelfutter und vielleicht ein Buch über heimische Vogelarten

Vorbereitung durch den Erwachsenen:
Ein Buch für Kinder über die heimischen Vogelarten ist bei dieser selbstwirksamen Tätigkeit ein besonderer Gewinn. Mit-

hilfe des Buches können sich Kinder (und Erwachsene) mit Erkennungsmerkmalen der einzelnen Arten vertraut machen und im Idealfall zugleich nachlesen, welches Futter diese jeweils besonders gern fressen.

Durchführung durch das Kind:
Schön ist es, wenn das Kind gemeinsam mit dem Erwachsenen das Vogelfutter zubereitet oder das Futter als ersten Schritt des Wirkens mit ihm gemeinsam einkauft, beispielsweise in Form von Streufutter, Futterknödeln oder Futterringen. Ist das Vogelfutter vorrätig, kann es am Wunsch-Ort, beispielsweise an einen Zweig gehangen oder am Boden ausgestreut werden. Wenn möglich, in guter (täglicher) Sichtweite – Spannung und Freude bei der Beobachtung schwappen meist auf Kinder und Erwachsene über.

9.2 Haustiere pflegen

Wenn ein Kind den Wunsch nach einem Haustier äußert, wissen alle Eltern eines: Die Pflege des Haustieres kostet Geld und vor allem Zeit. Und nicht immer haben gerade kleine Kinder dann tatsächlich Lust, regelmäßig den Käfig des Meerschweinchens zu säubern oder die Katze mit Aufmerksamkeit und Futter oder zu versorgen. Jedoch kann ein Haustier dem Kind auch wertvolle Erfahrungen für sein Leben schenken, die von Fürsorge und Liebe geprägt sind. Insofern kann es sich lohnen, den Wunsch des Kindes näher zu betrachten und die vorhandenen Ressourcen mit einem geeigneten Haustier abzuwägen. Welche Verpflichtungen und Aufgaben bringt welches Haustier mit sich? Was darf ein Kind durch die Begleitung im Rahmen seines Möglichen und gemessen am Alter erfahren? Wenn Eltern feststellen, dass sie selbst an einem bestimmten Haustier Freude hätten und für dieses gegebenenfalls selbst die Pflege übernehmen (wollen) würden, ist dies ein guter Ausgangspunkt für eine Anschaffung. Ist das Haustier erst einmal ein neues Familienmitglied, ergibt sich eine Vielzahl von selbstwirksamen und wiederkehrenden Tätigkeiten, die eine große Bereicherung für die Kinderseele sein können.

Must-Haves zum Wirken:
am Beispiel von zwei Kaninchen: neben dem Kaninchengehege auch Unterstreu und Stroh; geeignetes Säuberungs-Werkzeug

Vorbereitung durch den Erwachsenen:
Steht die erste Säuberung des Kaninchengeheges an, bezieht man sein Kind von Anbeginn in die Pflege der Umgebung der Kaninchen ein. Es wird vorgeführt, wie man mithilfe einer Schaufel vollgesaugtes Unterstreu und Stroh aus dem Gehege entfernt und zuletzt frisches Unterstreu und Stroh für die Kaninchen verteilt.

Durchführung durch das Kind:
Nachdem das Kind den Handbewegungen gefolgt ist, verteilt es nun selbst frisches Unterstreu und Stroh im Kaninchenstall. Beim nächsten Mal kann das Kind vielleicht schon selbst die Entsorgung des alten Bodenmaterials sowie die Verteilung des neuen Streus und Strohs übernehmen. Die Kaninchen werden sich sicherlich dankbar in ihr neues „Bett“ kuscheln. Auch das

Füttern oder Besorgen von Beschäftigungsmaterial macht vielen Kindern große Freude.

Impulse zum Grenzenwahren:
Das kindliche Interesse an den Haustieren wird wie an allen anderen Dingen und Handlungen nicht immer konstant gleich bleiben. Sollte der Erwachsene dennoch das Bedürfnis haben, das Kind nun (endlich wieder) für Tätigkeiten der Haustierpflege zu begeistern, kann er auch dies vielleicht über den aktiven Einbezug und Mitgestaltungsmöglichkeiten schaffen, indem das Kind selbst einmal Futter anpflanzen/ernten darf, anstatt welches zu kaufen, oder indem es mithilfe von Rezepten aus Büchern oder dem Internet bei der Herstellung von Tierfutter mitwirken darf. Auch selbst Beschäftigungsmaterial zu basteln/bauen kann das Interesse an den tierischen Freunden neu wecken.

9.3 Pflanzen wässern

Ob Zimmer-, Balkon- oder Gartenpflanzen: Sie alle sind auf die menschliche Fürsorge angewiesen und beschenken den Pflegenden mit neuen zarten Knospen, Blüten oder gar Früchten zum Verzehr. Schon ganz kleine Kinder können beim Wässern mit einer kleinen Gießkanne helfen und über das Wachstum der Pflanzen staunen. Nicht selten erfasst die Faszination für ein neues Blatt oder die erste Beere auch noch einmal den Erwachsenen. Ein wunderschönes, gemeinsames Erlebnis!

Must-Haves zum Wirken:
Gießkanne mit etwas Wasser, Zimmer-, Balkon- oder Gartenpflanzen

Vorbereitung durch den Erwachsenen:
Darf sich das zwei- oder drei-jährige Kind erstmalig im Gießen der Pflanzen üben, sollte man insbesondere beim Wässern in der Wohnung ein Trockentuch bereithalten. Nach und nach bekommt das Kind dann ein Gefühl dafür, in welchem Winkel die Gießkanne für die ausreichende Wassermenge gehalten und positioniert werden muss. Idealerweise stellt man die Pflanzen an einen für das Kind gut erreichbaren Ort. Schön ist es auch, wenn eine Pflanze gewässert wird, die zuvor gemeinsam angepflanzt wurde, z. B. Schnittlauch oder Kresse auf der Küchen-Fensterbank (s. Kapitel 9.7), welche/r fortan durch das Kind gehegt und gegossen werden mag.

Durchführung durch das Kind:
Das Kind füllt sich etwas Wasser in seine Gießkanne und versucht zunächst langsam etwas Wasser in z. B. den Topf der Pflanze zu gießen.

Impulse zum friedvollen Grenzenwahren:
Damit das Kind Erfahrungen zur notwendigen Wassermenge sammeln kann, ohne dass die Pflanze „ertrinkt", kann man mit ihm zuvor ein Stopp-Zeichen vereinbaren: „Wenn ich dieses Handzeichen mache (z. B. eine flach ausgestreckte Hand über die Pflanze), hebst Du die Gießkanne wieder an". Dieses optische Signal kann vom („im Flow" befindlichen) Kind manchmal schneller wahrgenommen und verarbeitet werden, als ein gesprochenes Wort.

Wenn der Geburtstagsblumenstrauß verblüht ist, eignen sich die noch schönen Blumen wunderbar für eine Schneideübung. Bitte Vorsicht bei Dornen! Gut geeignet sind dünnere Blumenstiele und Ziergräser. Idealerweise hat das Kind schon bei vorherigen Schneideübungen mit anderen Materialien (Papier, Pappe, Filz, …) Erfahrungen gesammelt. Wichtig ist auch bei diesem Werkzeug, dass der Erwachsene den Weg zu einem sicheren Umgang ebnet (s. „Messer-Führerschein", Kapitel 5.6 und Checkliste). In einzelnen kleinen Vasen oder in einer großen Vase arrangiert, kann das Kind den Blumen auf diese Weise noch einmal neue Schönheit und neues Leben verleihen.

Eine selbstwirksame Tätigkeit für Kinder:
die sicher schneiden können

Must-Haves zum Wirken:
Blumenstrauß mit zum Teil noch blühenden Blumen, Vase(n) und eine Schere

Vorbereitung durch den Erwachsenen:
Alle Blumenstiele, deren Blüten verblüht sind, werden zuvor durch den Erwachsenen aus dem Blumenstrauß entfernt. Alle Blumen, die noch weiter blühen, legt man auf einem Tisch für das Kind bereit. Dazu stellt man eine oder mehrere Vasen bereit und legt eine Schere dazu. Nun führt man vor, wie ein Blumenstiel gekürzt wird. Anschließend stellt man diesen ersten Stiel in eine Vase.

Durchführung durch das Kind:
Jetzt darf das Kind Blumenstiel für Blumenstiel kürzen und in der Vase bzw. den Vasen zurechtstellen. Wie bei allen Tätigkeiten, korrigiert man das arrangierte Ergebnis des Kindes nicht. Dieses Eingreifen würde sein Erfolgserlebnis schmälern, sich alleinverantwortlich der Blumenpflege hingegeben zu haben. Idealerweise darf das Kind anschließend auch noch einen Ort aussuchen, an dem das neue Blumen-Arrangement stehen soll.

Praxis-Tipp:
Eine weitere Möglichkeit, aus einem „alten" Blumenstrauß etwas Neues zu zaubern, besteht darin, die noch schönen Blumen zu kürzen und dann zu einem kleinen Strauß zusammenzubinden, der dann kopfüber an einem Garn getrocknet wird.

9.5 Die Beet-Pflege

Wer einen eigenen Garten hat, kann sein Kind zu der Beet-Pflege einladen, die vielleicht erst einmal „nur" nach Unkrautjäten klingt. Tatsächlich steckt hinter der Tätigkeit des Harkens noch eine viel größere Bedeutung, die das Kind durch sein eigenes Wirken erfahren und be-greifen darf. Gerade im Sommer können durch das Auflockern der Erde die in den Beeten wohnenden Pflanzen bei ihrer Wasseraufnahme unterstützt werden. Oft ist der Boden zu dieser Jahreszeit nicht nur trocken, sondern auch sehr fest, sodass das Wasser ohne Auflockerung nicht (tief genug) in den Boden einsickern kann. Schön, wenn Hilfe naht!

Must-Haves zum Wirken:
(Kinder-)Harke und ein Eimer

Vorbereitung durch den Erwachsenen:
Gerade im Sommer ist es wichtig, dass das Kind vor der Sonne geschützt arbeiten kann (im Schatten, mit Sonnenschutz und -kleidung). Idealerweise definiert man ein bestimmtes Beet bzw. einen Beet-Bereich, in dem das Kind sicher wirken kann. Neben einem Eimer für das Unkraut wird auch eine (Kinder-)Harke zum Auflockern bereitgehalten. Mit langsamen Handbewegungen führt man vor, wie mithilfe dieses Werkzeuges die Erde aufgelockert werden kann.

Durchführung durch das Kind:
Nachdem es gesehen hat, in welcher Art und Weise dieses Werkzeug benutzt wird, probiert das Kind sich selbst im Harken. Es zieht die Harke durch die Erde und zupft aufgelockertes Unkraut heraus, um es anschließend in den Eimer zu legen. Wie bei den meisten Werkzeugen bedarf es auch hier etwas Übung, die eigene Kraft zu dosieren und die Bewegungen zu koordinieren.

Impulse zum friedvollen Grenzenwahren:
Es kann sein, dass das Kind mit dem Werkzeug nicht harken, sondern etwas ganz anderes tun möchte, beispielsweise zunächst ein Loch graben. Sollte man hier (bei wiederholten und zu häufig auftretenden „Umgrabungen“) Sorge haben, dass die Wurzeln der Pflanzen beschädigt werden, darf man das Kind beispielsweise mit den Worten „Wir lockern nur die oberste Erdschicht auf. Die tiefer liegenden Wurzeln möchten zuge-

deckt bleiben" liebevoll führen. Hat das Kind größeres Interesse am Graben anstatt am Harken, ist es für beide Seiten schön und entspannter, wenn man hierfür eine Möglichkeit schafft, indem beispielsweise ein Platz definiert wird, wo das Kind diesem Interesse ungehindert nachgehen kann.

9.6 Platz für neues Wachstum schaffen

Viele Pflanzen, beispielsweise die Tagetes, tragen im Sommer besonders viele (neue) Blütenknospen, wenn Verblühtes regelmäßig entfernt wird. Auch diese Tätigkeit ist eine schöne Aufgabe für Kinderhände, vor allem bei Pflanzen, deren Stiele so dünn sind, dass sie zunächst auch mit einer Kinderschere entfernt werden können. Da es sich bei einer Schere grundsätzlich um ein scharfes Werkzeug handelt, bedarf es auch hier einer genauen Einweisung durch den Erwachsenen, insbesondere wenn das Kind gerade erst begonnen hat zu schneiden (s. Kap. 5.6 und Checkliste). Diese selbstwirksame Tätigkeit ist auch ein schöner Transfer von klassischen Schneide-Übungen mit Pappe und Papier in die Praxis der alltäglichen Pflanzenpflege.

Must-Haves zum Wirken:
(Garten-)Schere, Eimer und vielleicht auch eine Pflanzen- bzw. Blumenkartei

Vorbereitung durch den Erwachsenen:
Damit das Kleinkind zwischen neuer Knospe und Verblühtem unterscheiden kann, ist es bei dieser Aufgabe hilfreich, wenn

man zunächst (und losgelöst von der eigentlichen Tätigkeit) Raum zum Betrachten und Entdecken der auserkorenen Pflanze schafft. Wie sehen ihre einzelnen Pflanzenteile aus? Vielleicht fertigt man im Vorfeld auch gemeinsam mit dem Kind eine Pflanzenkartei an, bei welcher auf einem Blatt Papier die Blume abgebildet und die einzelnen Bestandteile benannt werden. Neben einer (Garten-)Schere wird auch ein Sammeleimer für die verblühten Knospen bereitgehalten.

Durchführung durch das Kind:
Das Kind betrachtet die Blumen genau und zeigt auf die Blüten, die verblüht sind. Anschließend entfernt es diese mit der Schere, indem es mit einer Hand die verblühte Blüte festhält und mit der anderen den Stiel durchschneidet. Alle verblühten Blüten werden im Eimer gesammelt und in der entsprechenden Bio-Abfalltonne entsorgt.

Impulse zum friedvollen Grenzenwahren:
Hat das Kind so große Freude am Schneiden, dass es neben den verblühten Blüten beispielsweise auch frische Knospen abschneiden möchte, ist es auch hier wichtig, die liebevolle Führung zu übernehmen, um in diesem Fall die Blumen zu schützen. Dies kann man beispielsweise dadurch erreichen, dass man seine Hand schützend vor die Knospen hält, die Schere des Kindes behutsam, aber bestimmt festhält und/oder diese Grenze beispielsweise mit den Worten „Wir schneiden nur Verblühtes ab!“ begleitet. Das Kind kann dazu eingeladen werden, anstelle der Knospen z. B. Gras zu schneiden. „Das Schneiden macht Dir große Freude, oder? Schau mal, diese Gräser kannst Du alle kürzen!“

Um das sich entwickelnde Leben von Anfang an sich entfalten zu sehen, ist es schon für kleine Kinder eine wunderschöne und zugleich faszinierende Aufgabe, beispielsweise Setzlinge einzupflanzen (im Garten oder Blumentopf) oder auch Pflanzen auszusäen. Besonders anschaulich sind hier Pflanzen, die schnell wachsen und beispielsweise Platz auf der immer gut sichtbaren Küchen-Arbeitsplatte finden, wie etwa Kresse.

Must-Haves zum Wirken:
Setzlinge oder Samen; für eine Kresse-Blume zusätzlich einen Teller, Watte und evtl. Küchenrollen-Papperinge

Vorbereitung durch den Erwachsenen:
Um z. B. Kresse auszusäen, braucht man lediglich einen Teller, etwas Watte und Kresse-Samen, die das Kind auf der Watte ausstreuen kann.

Durchführung durch das Kind:
Das Kind zupft etwas lose Watte aus dem Beutel, verteilt diese auf einem flachen Teller und streut die Kresse-Samen darauf. Vielleicht mag es zuvor auch leere Küchenrollen in etwa 5 cm dicke Ringe schneiden, diese blumenförmig arrangieren und die Watte darin platzieren. Wird die Watte einschließlich der Samen vom Kind regelmäßig gegossen, sodass die Watte immer etwas feucht ist, sprießt schon nach wenigen Tagen die erste Kresse. Faszinierend, gesund und lecker, z. B. auf Frischkäse-Broten.

Ob Kräuter oder auch Früchte: Das Ernten ist eine genussvollschöne Tätigkeit, bei der alle Sinne des Kindes und des Erwachsenen genießen dürfen. Der Duft von frischem Schnittlauch oder auch süßen Beeren ist unverkennbar, und vielleicht wird er gepaart mit dem Geschmack sogar eine besondere Kindheitserinnerung.

Must-Haves zum Wirken:
Schale oder Eimer für die Ernte; evtl. eine Schere oder ein Messer

Vorbereitung durch den Erwachsenen:
Ein Behälter für die Ernte, Zeit und ein warmes Herz beim Betrachten des erntenden (und vielleicht naschenden) Kindes sind alles, was man für diese Tätigkeit braucht. Zieht das Kind eine Schere zur Hilfe heran, ist es auch hier wichtig, dass man ihm zuvor den richtigen Umgang mit ihr zeigt.

Durchführung durch das Kind:
Das Kind zupft die Kresse, schneidet Schnittlauch oder pflückt die Himbeeren so, wie man es ihm vorgeführt hat. Gerade beim Pflücken von Beeren braucht es Übung und ein gutes Fingerspitzengefühl, damit die reife Beere beim Ernten nicht versehentlich zerdrückt wird. Ein tolles Erlebnis, wenn es dann klappt – und auch wertvoll für die Schreibhandmotorik. Der Griff, den das Kind beim Pflücken trainiert, ist auch der, den es zum Halten eines Stiftes braucht.

Impulse zum friedvollen Grenzenwahren:

Ein Kind, das z. B. mehr Beeren essen mag, als sein Bauch verträgt, kann dazu eingeladen werden, beispielsweise für Nachbarn oder Freunde weiter zu ernten, während es selbst eine andere Stärkung erhält. Ein Erwachsener, der wortwörtlich im Blick hat, welche große Verlockung der prall gefüllte Strauch in Kinderaugen darstellt, kann einfühlsamer seine Grenze und sein Bedürfnis vor dem Kind vertreten – in dem Fall die Gesundheit des Kindes. Folgende Botschaft kann dabei hilfreich sein: „Ich kann verstehen, dass Dir die Beeren richtig gut schmecken. Du würdest am Liebsten alle aufessen, oder? Ich habe eine Idee: Was hältst Du davon, wenn wir noch welche für unsere Nachbarin pflücken und Dir Dein Lieblings-Sandwich machen? Mit dem Sandwich können wir dann auch noch Beeren zum Einfrieren/zum Kochen von Marmelade/ … pflücken".

9.7

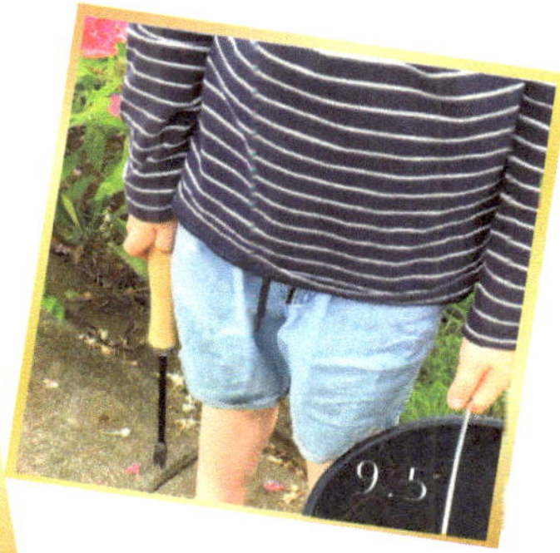
9.5

9.8

9.2

9.3

9.6

9.5

9.8

10. SELBSTWIRKSAM WÄHREND DES KÜNSTLERISCHEN SCHAFFENS

Jedem Menschen wohnt eine schöpferische Kraft inne, die ihn zu einem besonderen Geschöpf macht und unter anderen Lebewesen auszeichnet. Auch für Kinder ist das künstlerische Tätigsein eine einzigartige Möglichkeit, ihr eigenes Wirken und Schaffen auszudrücken. Es kann schon für kleine Kinder eine besondere Ausdrucksform für eigene Ideen und Kreationen sein, für Eingebungen und manchmal auch für Gefühle. Insbesondere dann, wenn es für den Schaffensprozess keine Vorgaben gibt und zunächst nicht die Entstehung eines bestimmten Endproduktes erzwungen wird. Die amerikanische Künstlerin und Kunstlehrerin Barbara Rucci legt die Zugehörigkeit des künstlerischen Wirkens zum Menschen wunderbar dar:

> Kreativität ist der wertvollste Besitz eines Menschen. Sie schlummert im Kern seines Wesens, ob er es weiß oder nicht. (Rucci 2017: S. 8)

Texturen beim künstlerischen Tätigsein mit den Fingern zu erfühlen, verschiedensten Materialien kennen zu lernen und „nach Lust und Laune" zu kombinieren, regt den künstlerischen Geist im Kind an.

> Natürlich liebt das Kind Kunst. Was sollte man denn daran nicht lieben? In der Kunst gibt es weder richtig noch falsch! Mit Farbe und Ton und Klebstoff herumzuprobieren, Papier zu zerreißen und zu zerschneiden, durch Mischen und Überlagern Farbe zu entdecken – das alles sind ausgesprochene haptische Erfahrungen. Kunst zu schaffen macht Spaß! (ebd.)

Erwachsene können dem Kind auf verschiedenen Wegen ermöglichen, in den offenen künstlerischen Prozess einzutauchen, beispielsweise indem einzelne künstlerische Tätigkeiten im Rahmen eines Montessori-Tabletts angeboten werden oder Zugang durch einen vorbereiteten (Couch- oder Ess-)Tisch verschafft wird, auf dem auf das Kind neue Anregungen in Form von Materialien warten, aus welchen es frei wählen kann. Idealerweise verfügt das Kind mit zunehmendem Alter auch über einen Arbeitsplatz, an dem es seinem Alter und seinen Interessen gemäß immer frei künstlerisch wirken darf.

> Der Nutzen, den Ihre Kinder aus dem Kontakt mit dem künstlerischen Gestalten ziehen, ist enorm. Indem Sie Ihnen das nötige Werkzeug zum Entwickeln ihrer Kreativität an die Hand geben, tragen Sie dazu bei, die Verbindung zwischen ihren Gehirnhälften zu stärken, was es den Kindern später einmal ermöglicht, ihr Potenzial voll auszuschöpfen. (dies.: S. 9)

Impulse zum friedvollen Grenzenwahren:
Da beim künstlerischen Prozess zumindest theoretisch „größere Schäden“ in der Umgebung entstehen könnten, wie bemalte Wände oder bekleckste Teppiche, werden in diesem Kapitel einleitend Impulse zum friedvollen Grenzenwahren geteilt, die auf alle Unterkapitel des künstlerischen Schaffens übertragen werden können.

Wenn frei verfügbare Materialien, beispielsweise Buntstifte, in Verbindung mit weißen Wänden noch einen zu großen Reiz auf das Kind ausüben und es wiederholt gegen den Willen des Erwachsenen Farben an den Wänden ausprobiert, ist es ratsam, das Malen innerhalb eines geführten Rahmens anzubieten. Anstelle von frei zugänglichen Stiften kann man immer wieder einmal ein abwaschbares Tablett anbieten, auf dem für das Kind zum Beispiel ein Blatt Papier sowie zwei bis drei Stifte bereitliegen. Hat das Kind verinnerlicht, dass nur auf dem Blatt Papier (dem Karton, der Leinwand, ...) gemalt wird, dessen Grenzen zunächst die Tablett-Ränder darstellen, kann man erneut offen zugängliche Mal-Utensilien anbieten. Die Gewöhnung an Grenzen der Begleitpersonen und der Umgebung ist auch hier ein Prozess, der manchmal Geduld braucht, aber gewiss vorangeht.

Die Verantwortung dafür, dass die Wände (wenn gewünscht) ihre Ursprungsfarbe behalten, liegt beim Erwachsenen. Er darf mit gütigem Herzen auf das Kind schauen, das dem Reiz und dem Impuls (noch) nicht widerstehen kann und/oder ein anderes Bedürfnis durch sein Verhalten zum Ausdruck bringen möchte. Durch den Rahmen, welchen der Erwachsene bedacht und aufmerksam formt, können die Grenzen beidseitig geschützt werden.

Wenn das Kind regelmäßig Interesse an der künstlerischen Tätigkeit zeigt und mit bestimmten Mal-Werkzeugen gezielt agieren mag, ist es besonders schön, wenn ein Ort geschaffen werden kann, an den das Kind immer wieder und zu selbst gewählten Zeitpunkten zurückkehren kann. Ein Künstler-Platz, der nicht immer wieder neu eingerichtet wird, sondern den dauerhaft Farbkleckse zieren und an dem das Kind immer wieder neue Möglichkeiten und Materialien vorfindet, um sich künstlerisch auszudrücken und selbstwirksam zu sein.

Bevor Impulse dafür genannt werden, wie diese Anreize und Möglichkeiten konkret aussehen können, folgen weitere Hinweise, die speziell ein Verständnis für die Art und Weise schaffen, wie kleine Künstler wirken:

- Es kann sein, dass Kinder gerade zu Beginn wortwörtlich „Berührungsängste“ mit Künstlermaterialien haben und/oder erst einmal Zeit brauchen, um mit diesen „warm zu werden“. Knete fühlt sich zu Beginn für das eine oder andere Kind schauderhaft kalt an, Acrylfarben wollen vielleicht zunächst mit den Fingern anstatt mit dem Pinsel erkundet werden.
- Auch ist es möglich, dass das eine Kind konkret angeleitet werden möchte, ein anderes direkt im freien Schaffen versinkt. Doch je geringer während der selbstwirksamen Tätigkeiten die Erwartungshaltung des Erwachsenen an Weg und Ziel ist, umso mehr Freiraum wird dem Kind im intrinsisch motivierten Entdecken und Erkunden geschenkt.
- Manchmal und gerade bei Kindern unter drei Jahren kann es auch sein, dass das Kind schon nach kurzer Zeit von einer Tätigkeit gesättigt ist und einem die Zeit, in der das Kind malt, knetet oder werkelt, sehr kurz vorkommt. Es ist jedoch ganz normal, dass die Ausdauer gerade bei kleinen Kindern noch nicht sehr ausgereift ist. Auch variiert sie von Kind zu Kind.

Dass man dem Kind die Möglichkeit für kreatives Selbstwirksamsein eröffnet hat, ist der eigentliche Aspekt, der den künstlerischen Geist anregt. Auch wenn das Kind zu diesem Zeitpunkt vielleicht gar kein Interesse an den angebotenen Materialien zeigt, können ein anderer Zeitpunkt und/oder andere Materialien eine völlig neue Einladung darstellen, die durch vorherige Angebote bereits angeregt wurde.

Oft kommt es auch vor, dass Kinder ihre fertigen Kunstwerke anschließend wieder zerschneiden möchten. Für die meisten Kinder wiegt der Weg, also das Schaffen an sich, mehr, als das Ergebnis. Damit unterscheiden sie sich maßgeblich vom typischen Schaffensprozess der Erwachsenen. Es kommt ihnen auch bei diesen selbstwirksamen Tätigkeiten auf ihr reines Tun an, das Ausprobieren und Wirken, nicht auf das Ergebnis.

> Das ist das Schöne an Prozesskunst-Erfahrungen. Bei ihnen liegt der Fokus auf dem Schaffensprozess, nicht auf dem Endergebnis. (ebd.)

Anderen Kindern ist es wichtig, dass sie ihr Kunstwerk behalten dürfen (und nicht verschenken müssen). Auch dieser Wunsch darf respektiert werden. Nachfolgend werden Inspirationen für mögliche Gelegenheiten des künstlerischen Wirkens aufgezeigt, die je nach den Interessen des Kindes (und vielleicht auch nach den Interessen des mitwirkenden Erwachsenen?) gerne individuell modifiziert werden können.

Den ersten künstlerischen Kontakt haben Kleinkinder meist mit Stiften und Farben gleich welcher Art, wie Buntstiften, Filzstiften, Wachsmalstiften, Fingerfarben oder auch Wassermalfarben. Mit diesen Materialien können schon kleine Kinder leicht und ganz frei Farbe auf das Papier zaubern, Farben unterscheiden und durch begleitende Wortlektionen auch benennen lernen. Besonders spannend ist es auch, z. B. Fingerfarben miteinander zu vermischen, um daraus neue Farben zu gewinnen. Farbenlehre zum Be-Greifen!

Must-Haves zum Wirken:
ein Plastik-Tablett, Papier und Buntstifte, Filzstifte, Wachsmalstifte, Fingerfarben oder auch Wassermalfarben

Vorbereitung durch den Erwachsenen:
Eine kleine Auswahl unterschiedlicher Farben, beispielsweise zwei oder drei Wachsmalstifte in den Grundfarben, stellt zu Beginn eine wundervolle und nicht überfordernde Einladung dar. Wird zusätzlich ein leeres Blatt Papier auf einem Plastik-Tablett platziert, gibt man dem Kind zugleich einen definierten Schaffensraum an die Hand. Gerne kann man auch für sich selbst etwas zum Malen bereitstellen und dem Kind so gleichzeitig vorleben, wie und was man malt und vor allem, welch Freude das Wirken mit Farben bereitet. Vorbild sein, inspirieren und gemeinsam eine schöne Zeit haben – das ist es, was nachhaltig mitschwingt.

Durchführung durch das Kind:
Innerhalb des Tabletts kann das Kind sich völlig seinen spontanen ersten Mal-Handlungen auf dem Papier hingeben. Schön ist es, wenn diese spontanen Bewegungen und Entdeckungen nicht durch den Erwachsenen kommentiert oder bewertet werden, sondern wenn man Interesse zeigt und das Kind im Anschluss an seinen Schaffensprozess zum Austausch einlädt, beispielsweise indem man offene Fragen zum Kunstwerk stellt oder beschreibt, was man sieht. „Ich sehe, Du hast ganz viele rote Striche nebeneinander gemalt. Das hat Dir großen Spaß bereitet!" oder „Wie hast Du das gemacht?"

10.3 Die Schneide-Werkstatt

Manches Kind zeigt schon sehr früh Interesse daran, mit einer Schere Papier zu schneiden. Beim Kauf einer Kinderschere sollte darauf geachtet werden, dass diese zunächst zwar stumpfer und dadurch ungefährlicher als eine normale Schere für Erwachsene ist, dass sie zugleich jedoch auch nicht so stumpf ist, dass das Schneiden mit diesem Werkzeug unverhältnismäßig aufwändig oder gar unmöglich ist.

Praxis-Tipp:
Idealerweise darf das Schneiden im Geschäft vor dem Kauf durch den Erwachsenen selbst erprobt werden.

Wie bei einem Schneide-Werkzeug im Bereich der Essenszubereitung, sollte auch bei einer Schere vor dem ersten Gebrauch ein „Führerschein" erfolgen, bei dem der Erwachsene das Kind auf die richtige Funktionsweise hinweist (s. „Messer-Führerschein“, Kapitel 5.6 und Checkliste). Mit fortschreitenden Fähigkeiten des Kindes kann das Werkzeug und Angebot durch den Erwachsenen variiert werden, z. B. hin zu festerem Fotokarton oder Wolle als zu schneidendem Material. Kinder, die noch kein Interesse an einer Schere haben, können zum Erzeugen von Papierschnipseln durch Zerreißen eingeladen werden.

Und egal, wie das Papier oder ein anderes Material in kleinere Teile zerteilt wurde, vielen Kindern macht es auch große Freude, die Schnipsel in einem zweiten Schritt mit (Flüssig-)Kleber beispielsweise auf ein Stück Karton zu kleben.

Must-Haves zum Wirken:
Schere; Papier, Fotokarton, Pappe, Wolle oder Strohhalme; (Flüssig-)Kleber

Vorbereitung durch den Erwachsenen:
Je nach Entwicklungsstand und Interesse des Kindes hält man bei dieser Kunst-Werkstatt auf einem Tisch Papier-Streifen und eine Schere bereit. Schneidet das Kind zum ersten Mal mit einer Schere, führt der Erwachsene vor, wie er mit einer Hand das Blatt Papier fixiert und mit der anderen Hand die Schere hält und die Papier-Streifen klein schneidet. Ist das Kind schon im Schneiden geübt, kann man zusätzlich auch farbigen Fotokarton oder Strohhalme auf dem Tisch platzieren und beobachten, für welches Material sich das Kind entscheidet. Ein anderes Mal stellt man dann vielleicht sogar drei Schneide-Materialien sowie Klebe-Material in Form eines Pappe-Kreises sowie Flüssigkleber bereit.

Durchführung durch das Kind:
Das Kind schneidet mit der Schere kleine Schnipsel, bis es von der Tätigkeit gesättigt ist. Anschließend oder am nächsten Tag probiert es sich im Festkleben dieser Schnipsel auf einem Pappe-Kreis, wobei die Menge der Schnipsel und die Anordnung keine Rolle spielen. Anschließend kann der beklebte Pappe-Kreis z. B. mithilfe eines Lochs und eines Fadens im Zimmer oder am Fenster aufgehängt werden.

Impulse zum friedvollen Grenzenwahren:
Möchte das Kind mit der Schere z. B. das Bettlaken oder den Teppich zerschneiden, darf man einen sicheren Rahmen schaffen, indem man zuerst die Schere an sich nimmt. Anschließend können die Gefühle des Kindes aufgefangen und Alternativen aufgezeigt werden. Beispielsweise mit der Botschaft: „Mit der Schere schneiden wir nur das Papier. Oder möchtest Du einmal Filz probieren?"

10.4 Die Acryl-Werkstatt

Flüssige Acrylfarben erlauben einen sehr intensiven Ausdruck mit Farben und sind für Kinder geeignet, die bereits erste Erfahrungen mit Farben und dem Pinsel als Mal-Werkzeug gesammelt haben. Die gestalteten Leinwände oder Leinenpapiere sind eine schöne und zugleich hochwertige Erinnerung an das erste künstlerische Schaffen. Schön auch zur Zierde in den eigenen vier Wänden!

Must-Haves zum Wirken:
Leinwand mit Staffelei oder Leinenpapier, Acrylfarben und ein Teller, Pinsel und evtl. Malerkreppband sowie Abdeckfolie und Maler-Kleidung

Vorbereitung durch den Erwachsenen:
Man arrangiert die Kunst-Werkstatt so, dass das Kind beim Wirken frei gestalten und auch klecksen und spritzen darf. Hierfür wird der Boden zuvor beispielsweise mit Abdeckfolie geschützt und – wenn man mag – stellt man auch bei dieser selbstwirksamen Tätigkeit Künstlerwerkzeug für sich selbst bereit. So können der Erwachsene und das Kind parallel oder gemeinsam ein Kunstwerk erstellen.

Durchführung durch das Kind:
Damit das Kind möglichst frei die ersten Acrylkunstwerke gestalten kann, zieht es sich zu Beginn Kleidung an, die durch Farbkleckse verziert werden darf, oder einen Überzug, der eigens zum Malen angeschafft wurde. Dann kann sich das Kind Farben aussuchen, etwas aus den Tuben auf einen Teller geben und seine ersten Kunstwerke mit Acrylfarben und Pinseln zaubern.

Praxis-Tipp:
Wenn das Kind Freude daran hat, mit Acrylfarben zu malen und zu experimentieren, sind auch Spachtel in unterschiedlichen Größen ein schönes Künstler-Werkzeug, um die Mal-Technik zu variieren. Auch kann das Kind zur Verzierung in die noch feuchte Acrylfarbe beispielsweise Pailletten, Perlen, Knöpfe, Filzkugeln oder klein geschnittene Pfeifenreiniger kleben.

Etwas mit den eigenen Händen zu formen, beispielsweise mit Knete oder Ton, ermöglicht dem Kind eine äußert sinnliche Variante des selbstwirksamen Erschaffens, weil es mit dem Wirk-Material unmittelbar in Kontakt kommt. „Töpferei und Bauen“ war auch schon Teil des ersten Kinderheims von Maria Montessori. Sie bot diese Tätigkeit zur „Erziehung der Hand“ (Montessori 1913: S. 154) an, damit die Kinder einen Sinn für Ästhetik und auch ein Verständnis für die schöpferische Kraft der Menschen bekommen, die beispielsweise ganze Denkmäler erschaffen kann.

Durch diese beim Töpfern zweckgerichteten Tätigkeiten der Hände, dem eigenen Erschaffen beispielsweise einer Vase oder einer Schale, sind Kinder nicht nur in der Lage, ihre motorischen Fähigkeiten zu vervollkommnen, sondern zugleich auch einen tatsächlichen Gebrauchsgegenstand zu formen, der ihrem Umfeld zugute kommt und dadurch wiederum das Selbstbewusstsein stärkt (vgl. ebd.).

Und vielleicht wird auch so mancher Erwachsener beim Formen wieder in kindliche Freude versetzt.

Praxis-Tipp:
Ton, der „lufttrocknend“ ist, kann wie der Name verrät, einfach an der Luft trocknen und muss nicht im Ofen gebrannt werden, was einen Arbeitsschritt im Wirkprozess erspart. Gleichwohl kann er ebenso wie die Knete direkt verarbeitet werden. Erhältlich ist luftrocknender Ton in Weiß oder auch in Brauntönen. Gute Knete aus dem Kindergartenbedarf kommt meist in größeren Mengen daher und ist in einem wie-

der verschließbaren Eimer viele Monate haltbar und deshalb sehr empfehlenswert.

Must-Haves zum Wirken:
Knete oder (lufttrocknender) Ton sowie Modellierwerkzeug (Teigrolle, Ausstechformen, Knetmesser) und zwei Unterlagen für die Arbeit mit dem Ton, wie beispielsweise Backpapier oder eine Gummi-Unterlage (wie sie für das Ausrollen von Plätzchenteig verwendet wird) – damit die Unterlagen nicht auf dem Tisch beim Modellieren verrutschen, ist es empfehlenswert, diese am Tisch z. B. mit Malerkrepp festzukleben; optional auch Edelsteine oder Muscheln zum Verzieren

Vorbereitung durch den Erwachsenen:
Zunächst werden auf einem Tisch zwei Unterlagen bereitgelegt sowie zu Beginn nur eine kleine Auswahl an Werkzeugen, wie z. B. ein oder zwei Knet-Messer. Am Anfang reicht außerdem eine kleinere Menge Knete, z. B. in einer oder in zwei Farben, oder auch nur ein kleines Stück Ton. Bei Ton empfiehlt es sich, eine kleine Menge vom Ton-Block abzutrennen. Anschließend führt man vor, wie aus seinem Stück Ton beispielsweise eine kleine Schale oder ein kleiner Teller in Bootform modelliert wird. Zu Beginn sind in jedem Fall Objekte empfehlenswert, die lediglich aus einem Stück geformt werden, weil dann die (manchmal schwierige) Befestigung einzelner Bestandteile, die sich nach dem Trocknen lösen könnten, wegfällt. Auch Tiere, z. B. eine Eule oder eine Schlange, sind tolle Einstiegswerke.

Durchführung durch das Kind:
Anschließend kann sich das Kind im Formen üben und beispielsweise ebenfalls eine kleine Schale oder einen kleinen Teller formen. Vielleicht mag es auch schon etwas ganz Eigenes gestalten, das seiner Fantasie entspringt, wie ein Fantasie-Tier oder -Fahrzeug. Gerne können der Erwachsene und das Kind auch zusammen an einem Werk arbeiten und beispielsweise gemeinsam eine Schnecke oder ein Teelicht aus Ton formen. Der Fantasie sind keine Grenzen gesetzt und je mehr gemeinsame Freude dabei entsteht, umso schöner – fernab von künstlerischen Zielen. Ungewünschte Löcher oder Risse können mit etwas Wasser an der Fingerkuppe noch vor dem Trocknen geglättet werden. Sind die Ton-Werke am nächsten Tag fertig getrocknet, können sie zusätzlich mit Acrylfarben bemalt werden. Eins ist gewiss: Gerade das gemeinsame Modellieren ist eine sinnliche Erfahrung, die großes Potenzial für eine gemeinsame Kindheitserinnerung in sich trägt.

10.6 Die Schnitz-Werkstatt

Kinder, die gerne draußen im heimischen Garten, Stadtpark oder Wald sind und zugleich sicher mit einem Messer schneiden können, haben vielleicht große Freude daran, mit einem Schnitzmesser zu arbeiten. Wer seinem Kind diese selbstwirksame Tätigkeit ermöglichen bzw. erstmalig anbieten möchte, findet im Internet verschiedene Anbieter für Kinderschnitzmesser, Schnitzholz und/oder ganze Schnitzsets, die aus Werkzeug und Arbeitsmaterial bestehen. Wichtig ist bei diesem Werkzeug wie bei einem (Kinder-)Schneidemesser und einer

Schere auch, dass der Erwachsene den Weg zu einem sicheren Umgang ebnet (vgl. Kap. 5.6 und Checkliste). Kinder, die in der Kindheit Freude an der Arbeit mit Holz und dieser besonderen Ausdrucksform gefunden haben, behalten diese oft bis in das Erwachsenenalter hinein. Das Schnitzen an sich ist eine selbstwirksame Tätigkeit, die auf viele Kinder eine ausgleichende, beruhigende Wirkung hat.

Eine selbstwirksame Tätigkeit für Kinder:
die sicher schneiden können

Must-Haves zum Wirken:
Kinderschnitzmesser und Schnitzholz, z. B. ein Block Lindenholz (welches gut vom Kind festgehalten werden kann)

Vorbereitung durch den Erwachsenen:
Das Kind wird gemäß den Herstellerangaben in den sicheren Umgang mit dem Schnitzmesser eingewiesen. Anschließend führt man (wegen der Holz-Späne) idealerweise draußen vor, wie man mit einer Hand den Holzblock festhält und mit der anderen Hand das Messer zum Schnitzen so betätigt, dass sich Holz-Schicht für Holz-Schicht vom Holzblock ablöst. Dies führt man in ganz langsamen Hand-Bewegungen vor, damit das Kind wieder gut folgen kann. Primär sollte bei den ersten Schnitz-Versuchen die Aneignung von praktischen Erfahrungen ohne konkretes Schnitzkunstwerk im Mittelpunkt stehen. Mit fortwährenden Fähigkeiten und orientiert an den Interessen des Kindes können dann konkrete Schnitzwerke anvisiert werden, die nach und nach entstehen dürfen.

Durchführung durch das Kind:
Nachdem das Kind dem Erwachsenen zugeschaut hat, probiert es sich selbst im Schnitzen. Bis die Klinge des Schnitzmessers im richtigen Winkel am Holzblock entlangfahren kann, braucht es etwas Übung. Doch Kinder, die diese Tätigkeit gerne mögen, haben bald das feinmotorische Geschick und die richtige Kraft-Dosierung herausgefunden. Gerade die ersten (unperfekten) Schnitzwerke sind auch schöne Erinnerungsstücke.

10.7 Die Geschenk-Werkstatt

Wie in Kapitel 2.8 beschrieben, ist es so erstrebenswert und manchmal auch so leicht, lieben Menschen eine kleine Freude zu machen – und welches Glück dabei ins eigene Herz zurückströmt, ist auch für Kinder eine bereichernde Lebenserfahrung. Schön ist es, wenn Erwachsene ihr Kind hier zum Tätigwerden einladen und auch im Nachgang besprechen, was sie erlebt und gefühlt haben. „Hast Du Lust, dass wir (als Dankeschön, zum nächsten Feiertag oder ohne bestimmten Anlass) für Tante Emma etwas malen/basteln/gestalten?“, „Hast Du gesehen, wie sie sich gefreut hat?“, „Was meinst Du, an welchem Platz in ihrer Wohnung darf Dein Geschenk ziehen?“ und/oder „Sie wird sich bestimmt oft daran erfreuen!“.

Must-Haves zum Wirken:
Materialien oder auch Kunstwerke, die vielleicht bereits zu Hause erstellt wurden; oder z. B. Papier und Stifte für ein Lesezeichen; eine Schere und Kordelband; Laminiergerät

Vorbereitung durch den Erwachsenen:
Man schneidet zunächst bunten Fotokarton oder Pappe auf die Größe eines Lesezeichens zurecht. Anschließend zeigt man dem Kind, wie ein (zuvor) bemaltes Blatt Papier in Streifen geschnitten und eines in passender Größe auf das Stück Fotokarton oder Pappe geklebt wird. Je nach Interesse und den motorischen Fähigkeiten des Kindes kann es das Bemalen des Papiers, das Zurechtschneiden und/oder auch das Bekleben der Pappe übernehmen.

Durchführung durch das Kind:
Das Kind schneidet ein altes Papier-Kunstwerk in Streifen, welche es anschließend laminiert oder auf den Fotokarton klebt. Optional lochen das Kind und der Erwachsene gemeinsam das Lesezeichen und fädeln eine Kordel durch das Loch. Wenn es möchte, kann das Kind auch die Übergabe des Geschenkes selbst übernehmen. Auf diese Weise darf das Kind die Erfahrung machen, dass das Geben genauso wie das Empfangen zur menschlichen Natur gehört und das eigene Herz erfüllt.

> […]
> Denn die Freude, die wir geben,
> Kehrt ins eigne Herz zurück.

10.2

10.3

10.4

10.5

10.7

10.7

10.7

10.7

Teil IV

11. Selbstwirksamkeit als Lebensart

Zum Abschluss dieses Buches wird aufgezeigt, welchen positiven Einfluss selbstwirksame Tätigkeiten auch an anderen Orten haben können und wie gelebte Dankbarkeit am Ende jeder Tätigkeit einen bindungsstärkenden Effekt hat. Zugleich lädt das Abschlusskapitel den Erwachsenen ein, Selbstwirksamkeit als Lebensart zu betrachten, die positive Auswirkungen auf das gesamte Familienleben hat – und Wert-Schätzung sowie Verbindung befördert.

Auf unangekündigte Situationswechsel, Ortswechsel oder auch Besuchspläne bei noch fremden Menschen reagieren gerade kleine Kinder oft mit Unsicherheit oder Ablehnung. Bespricht der Erwachsene im Vorfeld mit dem Kind den möglichen Ablauf des Tages, Geschehnisse am neuen Ort oder Persönlichkeitsmerkmale des noch fremden Menschen, kann dies erheblich den Übergang erleichtern. Das Kind kann sich, noch bevor es der neuen Situation begegnet, ein Bild vom weiteren Verlauf oder neuem Ort machen und schon einmal einen Fuß über die Türschwelle heben. Bei manchem Kind, das ein großes Bedürfnis nach Autonomie, Mitsprache und Selbstwirksamkeit hat, kann es hilfreich sein, sich im Vorfeld Gedanken dazu zu machen, welche selbstwirksamen Tätigkeiten es am neuen Ort oder im Zusammenspiel mit dem neuen Menschen umsetzen darf und kann. Dieser Tür-Öffner ist auch deshalb besonders wertvoll, weil dann der Weg zu einer gemeinsamen Tätigkeit, z. B. mit der noch fremden Tante, geebnet ist, was meist auf beiden Seiten große Freude bereitet.

Impulse zum friedvollen Grenzenwahren:
Wenn ein Kind beispielsweise verweigert, sich für den geplanten Besuch bei einer Tante anzuziehen, ist es auch hier hilfreich, sich in das Kind hineinzufühlen: Warum lehnt es den Besuch ab? Wie kann das dahinter stehende Bedürfnis, beispielsweise das nach Sicherheit oder der fehlende Raum für Mitbestimmung und Selbstwirksamkeit, erfüllt werden? Je nachdem, in welchem Bereich das Kind zu Hause gerade gerne selbstwirksam ist, kann es beispielsweise genau diese Tätigkei-

ten auch bei seiner Tante umsetzen: gemeinsam mit ihr den Tisch decken, mit dem von zu Hause mitgenommenen eigenen Küchenwerkzeug mitwirken, etc.

> Beispiel: „Ich sehe, Du würdest lieber zu Hause bleiben, aber mir ist der Besuch wichtig. Weißt Du was, ich glaube, dass sich Deine Tante riesig freuen wird, wenn Du gemeinsam mit ihr ihre Pflanzen gießt. Habe ich Dir schon erzählt, dass sie Blumen genauso gerne mag wie Du? In ihrem Wohnzimmer stehen …".

Es lohnt sich immer, Selbstwirksamkeit auch an anderen Orten mit einzuplanen, etwa im Urlaub oder in der Ferienwohnung. Dafür braucht es manchmal nur ein oder zwei Werkzeuge von zu Hause, die durch den Erwachsenen wohlweißlich im Koffer verstaut werden. Auch können andere Räumlichkeiten mit dem Blick eines wachsamen Erwachsenen völlig neue selbstwirksame Tätigkeiten eröffnen, die zu Hause vielleicht nicht möglich sind. Gibt es im Hotelzimmer beispielsweise eine Dusche, hat das Kind vielleicht Freude daran, ihre Scheiben zu säubern, einzuschäumen und abzubrausen, während es selbst gewaschen wird. Selbstwirksamkeit darf auch ein Abenteuer sein und neugieriges Kribbeln verursachen – für das Kind und den Erwachsenen.

11.2 Der gemeinsame Abschluss des Wirkens

Die Berücksichtigung, Unterbringung und Ermöglichung der Selbstwirksamkeit des Kindes kann an manchen Tagen für jeden Erwachsenen eine Herausforderung sein. Erwachsene, die dennoch einen wertschätzenden Blick auf ihr Kind und seine Tätigkeiten bzw. Arbeit haben, kommen ganz automatisch in die Situation, dem selbstwirksamen Kind für sein Mitmachen, seine Unterstützung und seine Hilfe danken zu wollen. Im Anschluss an die selbstwirksamen Tätigkeitsbereiche will dieses Kapitel deshalb noch einmal dem gemeinsamen Abschluss des Wirkens besondere Aufmerksamkeit schenken.

Nicht immer wird der Erwachsene das Mitmachen des Kindes wahrhaftig als Hilfe empfinden, zumindest dann nicht, wenn er es an seinen eigenen Zielen und Absichten misst, wie beispielsweise der Zeitersparnis. Dies ist gerade zu Beginn nicht der Fall, eher im Gegenteil: Dem Kind Selbstwirksamkeit durch Teilhabe, Mitmachen und Mitentscheiden zu ermöglichen, kostet Zeit. Aber: Es wird der Tag kommen, da wird die Hilfe des Kindes auch in den Maßstäben des Erwachsenen Erleichterung bringen und beispielsweise Zeit oder sogar Kraft sparen. An dieser Stelle soll daher unbedingt an jeden Erwachsenen die Einladung erfolgen, genau hinzusehen und hinzuspüren, Hilfe und Unterstützung durch das eigene Kind wahrzunehmen und ganz persönlich zum Ausdruck zu bringen. Beispielsweise mit diesen Sätzen und Botschaften, die vor allem dann passend sind, wenn sie von Herzen kommen:

„Danke für Deine Hilfe!“
„Du bist mir eine große Hilfe!“
„Wir haben zusammen das Abendessen zubereitet, vielen Dank!“
„Dank Dir musste ich nur einmal laufen. Danke für Deine Unterstützung!“

Erwachsene, die sich ehrlich gemeint und von Herzen bei ihrem Kind bedanken, werden feststellen, dass ihr Kind „das Danke-Sagen“ von ganz allein übernimmt. Diesen Kindern wird Wertschätzung entgegengebracht, vorgelebt und sie werden auf diese Art befähigt, Wertschätzung selbst weiterzugeben, einfach durch das eigenständige und wahrhaftige Erleben. Zugleich ist ein solcher Abschluss Balsam für die Seele: für die Erwachsenenseele, die Unterstützung erfahren und diese auch als solche wahrgenommen und in Worten festgehalten hat, und für die Kinderseele, die unterstützen und eine Hilfe sein durfte. Nicht zuletzt deshalb kann gelebte Selbstwirksamkeit auch verbindend wirken. Wer selbstwirksam ist, geht seinem Inneren nach und ist in der Lage, sich mit anderen im Außen zu verbinden. Wird die Selbstwirksamkeit des Kindes mit Dankbarkeit besiegelt und abgeschlossen, kann sie einen bindungsstärkenden Effekt haben.

Wohnte einer selbstwirksamen Tätigkeit vielleicht sogar dieser bindungsstärkende Effekt und ein besonders schöner Zauber inne, darf dies vom Erwachsenen unbedingt gedanklich notiert werden. Dieses Wissen ist gerade an jenen Tagen Gold wert, an denen vermeintlich alles andere schief läuft. Vielleicht fallen dem Erwachsenen auch Möglichkeiten ein, diese selbstwirksame Tätigkeit regelmäßig im Alltag einzubinden und dem Kind zu ermöglichen. Vielleicht auch, sie um andere Werkzeuge oder beispielsweise Nahrungsmittel weiter zu entwickeln. Ein aufmerksamer und achtsamer Erwachsener ist ein wahres Geschenk für das selbstwirksame Kind.

12. Was (für immer) bleibt

Auch wenn das eine Kind gerne mitkocht, das andere dagegen lieber werkelt und ein drittes bei der Gartenarbeit voll in seinem Element ist, so macht jedes dieser Kinder auf seine ganz eigene und zugleich wundervolle Weise die folgende Erfahrung:

„Ich bin fähig. Ich kann etwas. Und darin bin ich richtig gut."

Wenn der Erwachsene den Interessen des Kindes auf Augenhöhe begegnet, ihm Raum für Selbstwirksamkeit verschafft, erfährt das Kind zugleich etwas über sich selbst und seine Fähigkeiten. Und das kann auf so unterschiedliche Weise Ausdruck finden, in vielen kleinen Gelegenheiten und Handlungen:

„Ich habe es geschafft! Ich kann jetzt alleine meine Banane schälen!
„Ich kann für uns kochen!"
„Ich bin stark, ich kann schon dicke Äste kürzen!"
„Ich habe ein Kunstwerk geschaffen!"
„Ich kann für Dich ein Bild aufhängen!"

Erwachsene, die genau diese Fähigkeiten und Interessen mit Aufmerksamkeit und Worten begleiten und sie dem Kind spiegeln, pflanzen einen kostbaren Samen im Kind, für den es keine passenden Worte gibt. Das Kind darf von klein auf seine eigenen Wirk- und Schaffenskräfte erleben und entfalten. Erlebt ein Kind dieses Gefühl in seiner Kindheit, ist es das Kind selbst, das im fortschreitenden Alter „einfach nur" seinen Interessen, seiner Intuition und seinen Eingebungen nachgehen und damit diesen Samen wässern kann – indem es seinem Herzen folgt. Was mag es Schöneres und zugleich Sinnstiftenderes geben? Denn ein Mensch, der seinem Herzen folgt, berührt auf seinem Weg auch ganz automatisch andere Herzen. Und wer andere Herzen berührt, der findet fernab von Konsum, Wettbewerb und Leistungsdruck Erfüllung allein in seiner vollkommenen (Mit-)Menschlichkeit.

Und so manches selbstwirksame Kind wird auf diese Weise einmal zum Frieden auf unserer Erde beitragen – im Kleinen und im Großen. Durch Teilhaben, Mitmachen und Selbsterschaffen.

Anhang

BEDÜRFNIS-ROSE
für selbstwirksame Eltern

Der Erwachsene hat so viele Bedürfnisse, wie eine Rose Blüten-Blätter hat, in unendlicher Anzahl, unterschiedlicher Form und Farbe. Um das Elternteil zu sein, das er sein möchte, hat der Erwachsene jeden Tag die Möglichkeit, hinzufühlen: **„Was kann ich mir heute Morgen Gutes tun?"** oder „Was brauche ich heute?". So kann eine Mutter schon am Morgen eine Verabredung absagen, wenn sie in sich das Bedürfnis nach möglichst viel Ruhe spürt. Oder sie kann sich für den Nachmittag verabreden, wenn sie sich nach Austausch und Verbindung sehnt.

Gerade wenn die Wahrnehmung der eigenen Bedürfnisse aufgrund des trubeligen Familien-Alltags schwer fällt oder das Gefühl für die eigenen Bedürfnisse sogar ganz abhanden gekommen ist, kann diese Bedürfnis-Rose als wertvolles Werkzeug **hin zur regelmäßigen und bestmöglichen Selbst-Fürsorge** genutzt werden – immer wieder, idealerweise jeden Tag und gerne auch mehrmals. Bis das Einfühlen, Wahrnehmen und Erfüllen von eigenen Bedürfnissen (wieder) **selbstverständlich** geworden ist.

Die Bedürfnis-Rose ist eine **liebevolle Erinnerung** und darf einen gut sichtbaren Platz, z. B. in der Küche, bekommen. Am Morgen schaut die Mutter sich kurz die Bedürfnis-Rose an und wählt das Bedürfnis aus, welches sie **als Erstes intuitiv** anspricht. Nachfolgend schenkt sie sich so viele (vermeintlich kleine) selbstwirksame Tätigkeiten, die dieses Bedürfnis erfüllen.

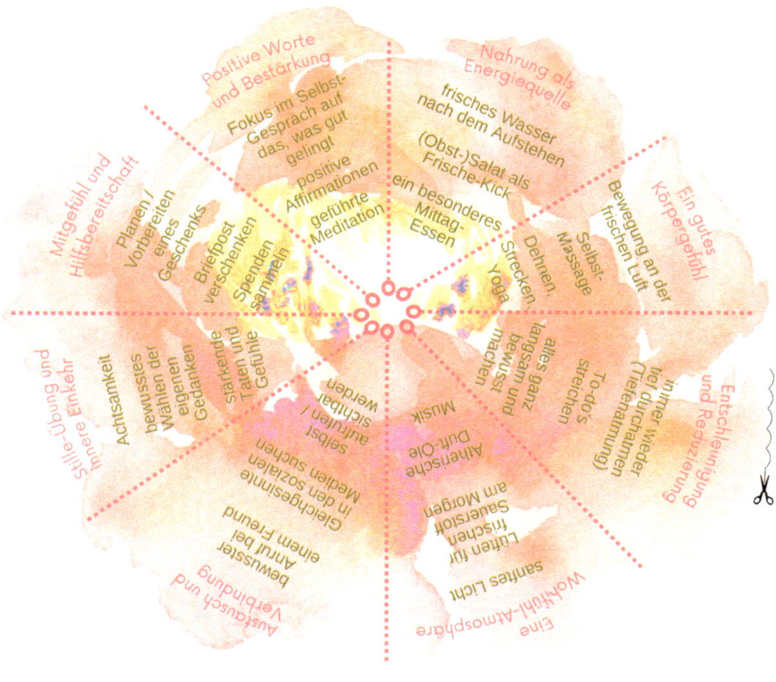

Beispiel: Die Mutter eines 2,5-jährigen Mädchens spürt morgens kurz in sich hinein, bevor sie in ihren vielleicht voll gepackten Tag nach einer zu kurzen Nacht stolpert. Sie hält kurz inne und fragt sich, was sie sich vom heutigen Tag wünscht. **Durch dieses kurze Innehalten nimmt sie eine aktiv-gestaltende Haltung ihres Tages ein.** Die Mutter spürt, dass sie dringend einmal aus den eigenen vier Wänden heraus muss, und fühlt ihr Bedürfnis nach Bewegung und Abwechslung. An diesem Morgen erfüllt sie sich dieses Bedürfnis, indem sie sich nach dem Frühstück erst einmal ausgiebig streckt und dehnt. Anschließend schaltet sie sich Gute-Laune-Musik an und tanzt dazu mit ihrer Tochter eine Runde um den Couch-Tisch. Den Vormittagssnack verlegt sie heute einmal bewusst nach draußen, z. B. in den Garten oder auf den Spielplatz. In dem Moment, in welchem sie innerlich Unmut, Stress, ... verspürt, nimmt sie wieder die Bedürfnis-Rose zur Hand und richtet sich neu aus.

Vielleicht wirken diese Kleinigkeiten und kurzen Selbstwirksamkeits-Rituale erst einmal nur wie ein Tropfen auf dem heißen Stein innerhalb eines durch viele andere Bedürfnisse bestimmten Lebens. Der Erwachsene, der jedoch diese aktive Rolle in seinem Leben einnimmt und sich im Rahmen seiner Möglichkeiten genau **diese Kleinigkeiten immer und immer wieder schenkt**, wird einen großen Unterschied in seinem Familienalltag und in seinem ganzen Sein feststellen. Die Herausforderungen und Rahmenbedingungen bleiben vielleicht dieselben, aber die Reaktionen eines selbstwirksamen Erwachsenen auf diese fallen anders aus. Nicht immer, aber an den allermeisten Tag, so, wie er sie sich selbst wünscht: **liebevoll-friedvoll und auf Augenhöhe. Für Bedürfnisorientierung und Wachstum auf beiden Seiten.**

Checkliste
"MESSER-FÜHRERSCHEIN"

Diese Checkliste dient als Inspiration und Anhaltspunkt für den Erwachsenen, um sein Kind auf den sicheren Umgang mit einem (Kinder-)Schneidemesser, einer Schere oder einem anderen scharfen Werkzeug vorzubereiten. Dieser „Messer-Führerschein" beruht nicht auf Vollständigkeit, darf durch den begleitenden Erwachsenen nach bestem Wissen und Gewissen und in Kombination mit den Herstellerangaben an den Entwicklungsstand sowie an die individuellen Fähigkeiten des Kindes angepasst werden.

1. DIE ARBEITSSTIMMUNG

- [ ] Mein Kind ist ausgeruht.
- [ ] Mein Kind ist gesättigt.
- [ ] Andere Reize, die die Konzentration und das Zuhören erschweren, sind ausgeschaltet (TV, Musik, ...).
- [ ] Ich als Erwachsener habe ebenfalls Zeit und Lust, mein Kind in die Welt des Schneidens hineinzuführen.

2. WICHTIG ZU SAGEN IST:

- [ ] „Das Messer ist ein scharfes Werkzeug."
- [ ] „Bei falscher Handhabung kannst Du Dich verletzen."
- [ ] „Deshalb darf mit dem Messer nur gearbeitet und geschnitten werden."
- [ ] „Dafür hältst Du das Messer sicher an dem Griff fest."
- [ ] „Mit Säge-Bewegungen zerschneidest Du diese Gurke."

weiter auf der Rückseite

Checkliste
"MESSER-FÜHRERSCHEIN"

FORTSETZUNG ZU 2.

- ☐ „Wilde Hin- und Herbewegungen oder ‚wildes Hacken' sind verboten."
- ☐ „Rennen mit Messer (Schere, ...) ist nicht erlaubt."
- ☐ „Wichtig: Deine Hand, mit der Du die Gurke festhältst, muss immer einen großen Abstand zum Messer (zum Sparschäler, ...) und seiner Klinge haben."
- ☐ „Ich führe Dir die richtige Handhabung erst einmal vor."
- ☐ Anschließend: „Magst Du einmal probieren, die Gurke in Scheiben zu schneiden?"

3. WICHTIG VORZUFÜHREN IST, ...

- ☐ ... wo der Griff zum sicheren Halten und wo die scharfe Klinge des Werkzeugs sind.
- ☐ ... wie das Messer genutzt wird, um etwas durchzuschneiden („Säge-Bewegungen").
- ☐ ... welchen Abstand die fixierende Hand zur schneidenden Hand bzw. Klinge hat.
- ☐ ... wie gegebenenfalls das scharfe Werkzeug in Bewegungen fort vom Körper eingesetzt wird (wie z. B. das Kinderschnitz-Messer).
- ☐ ... wie das Messer an einen sicheren Ort zurückgelegt oder verstaut wird, wenn es nicht mehr gebraucht wird.

Diese Checkliste darf und sollte während der Einstiegsphase eines jeden scharfen Werkzeugs gerne genutzt werden. Ist der Erwachsene sicher, dass das Kind Hinweise und Bewegungsabläufe verinnerlicht hat, kann sie als Erinnerungsstück (vielleicht sogar mit einem Foto?) verwahrt werden.

Viel Freude beim gemeinsamen Wirken!

Danksagung

Ich danke meinen Eltern und Groß-Eltern, ihr seid die Wurzeln meiner Liebe. Aus Eurer Liebe heraus wurde ich in dieses Leben hineingeboren. Eure Liebe und Gutherzigkeit wird mich immer tragen und umgeben, wofür ich Euch unendlich dankbar bin. Ich danke meinem großen Bruder und meiner Zwillingsschwester. Euch und Eure guten Seelen an meiner Seite zu wissen, bedeutet mir unbeschreiblich viel. Danke, dass es Euch gibt. Ich danke der Familie meines Mannes. Es ist so schön, dass es Euch gibt. Und ich danke aus tiefstem Herzen meinem Mann. Du bist meine große Liebe, mein Zuhause und mein Seelenglück. Dass wir uns haben, erfüllt mich mit tiefer Dankbarkeit. Danke, dass Du immer an mich glaubst und mir das größte Geschenk meines Lebens gemacht hast: unsere sichtbar gewordene Liebe – unseren Sohn. Ich danke Dir, unserem kleinen feinen großen Jungen, dass Du mich zur Mama gemacht hast und für alles, was Du bist. Meine Liebe für Dich ist unendlich.

In Dankbarkeit und ewiger Liebe.

Bandura, Albert: *Self-Efficacy: The Exercise of Control.* New York (Worth Publishers) 1997.

Bläsius, Jutta: *Übungen des praktischen Lebens für Kinder unter 3 Jahren.* Freiburg (Herder) 2013.

Dalai Lama; Tutu, Desmond M.; Abrams, Douglas: *Das Buch der Freude.* 4. Aufl. München (Heyne) 2019.

Grossmann, Klaus E.; Grossmann, Karin (Hrsg.): *Bindung und menschliche Entwicklung. John Bowlby, Mary Ainsworth und die Grundlagen der Bindungstheorie.* 7. Aufl. Stuttgart (Klett-Cotta) 2021.
[im vorliegenden Buch wird nach der Ausgabe von 2003 zitiert]

Juul, Jesper: *Leitwölfe sein. Liebevolle Führung in der Familie.* Weinheim (Beltz) 2016.

Kaminoff, Leslie; Matthews, Amy: *Yoga Anatomie. Ihr Begleiter durch die Asanas, Bewegungen und Atemtechniken.* 3. Auflage. München (riva) 2016.

Lubinic, Edeltraud: *Handbuch Aromatherapie. 88 ätherische Öle im Porträt. So kombinieren Sie sie richtig. Tipps für die richtige Wellness-Anwendung zu Hause.* 2. Auflage. Stuttgart (Haug) 2004.

Rosenberg, Marshall B.: *Gewaltfreie Kommunikation. Eine Sprache des Lebens.* 12. Auflage. Übersetzt von Ingrid Holler. Paderborn (Junfermann) 2016.

Montessori, Maria: *Selbsttätige Erziehung im frühen Kindesalter. Nach den Grundsätzen der wissenschaftlichen Pädagogik methodisch dargelegt.* Übersetzt von Otto Knapp. Stuttgart (Julius Hoffmann) 1913.

Oerter, Rolf; Montada, Leo: *Entwicklungspsychologie.* 6. Auflage. Weinheim (Beltz PVU) 2008.

Rucci, Barbara: *KUNTERBUNTE Kinderkunst. Kreative Mal- und Bastelworkshops für kleine Künstler.* Übersetzt von Sybille Heppner-Waldschütz. München (Edition Michael Fischer) 2017.

Sendlinger, Angela *(Red.): Wohlfühlmassagen. Entspannung von Kopf bis Fuß.* München (Compact) 2007.

Tischer, Hildegard: *Massage. Entspannung für Körper und Geist.* München (Compact) 2010.

Zboralski, Katrin: *Kreative Sprachförderung nach Maria Montessori.* Freiburg (Herder) 2013.